基于主体教育哲学理论的高中3Cs班级管理研究

邱志敏 著

广东省中小学「百千万人才培养工程」系列丛书

SPM 南方传媒　广东人民出版社

·广州·

图书在版编目（CIP）数据

基于主体教育哲学理论的高中 3Cs 班级管理研究 / 邱志敏著 . —广州：广东人民出版社，2023.11

（广东省中小学"百千万人才培养工程"系列丛书）

ISBN 978-7-218-16933-0

Ⅰ . ①基…　Ⅱ . ①邱…　Ⅲ . ①高中—班级—学校管理—研究

Ⅳ . ① G632.421

中国国家版本馆 CIP 数据核字（2023）第 175243 号

JIYU ZHUTI JIAOYU ZHEXUE LILUN DE GAOZHONG 3Cs BANJI GUANLI YANJIU

基于主体教育哲学理论的高中 3Cs 班级管理研究

邱志敏　著

版权所有　翻印必究

出　版　人：肖风华

责任编辑：王庆芳　张　瑜

责任技编：吴彦斌　周星奎

出版发行：广东人民出版社

地　　址：广州市越秀区大沙头四马路 10 号（邮政编码：510199）

电　　话：（020）85716809（总编室）

传　　真：（020）83289585

网　　址：http://www.gdpph.com

印　　刷：广州小明数码印刷有限公司

开　　本：787 mm×1092 mm　1/16

印　　张：11　字　数：160 千

版　　次：2023 年 11 月第 1 版

印　　次：2023 年 11 月第 1 次印刷

定　　价：48.00 元

如发现印装质量问题，影响阅读，请与出版社（020-85716821）联系调换。

售书热线：（020）87716172

本书系 2021 年广东省中小学"百千万人才培养工程"专项科研项目课题"基于主体教育哲学的高中 3Cs 班级管理模式构建与实践研究"（批准号：BQW2021MBG001）研究成果之一。

本书系 2022 年广东省教育科学"十四五"规划课题"基于英语学科核心素养的高中英语德育渗透路径研究"（批准号：2022YQJK184）研究成果之一。

本书系佛山市邱志敏名班主任工作室（2021—2023）和顺德区邱志敏名班主任工作室（2021—2023）的阶段性成果之一。

广东省中小学"百千万人才培养工程"系列丛书
编委会

■ 总　序

求实笃行，守正创新
做扎根岭南大地的时代大先生

教师是教育改革发展的第一资源，教师强则教育强。近年来，党和国家对教师队伍建设的重视达到前所未有的历史高度，党的二十大更是把加快建设教育强国、科技强国、人才强国，作为全面建设社会主义现代化国家的基础性、战略性支撑。作为置身改革开放前沿的教育大省，广东省始终积极响应国家的教育发展战略，把教师队伍建设、教育人才建设摆在极其重要的位置，以培育一批教育家型教师、卓越教师和骨干教师为目标引领，2010 年至今已先后实施三批广东省中小学"百千万人才培养工程"，通过提炼教育改革典型经验与创新理念，打造具有鲜明岭南风格与广泛影响力的教育特色品牌，致力于为推进中国式教育现代化事业贡献智慧。

作为人才强教、人才强省的一项重要改革举措，广东省中小学"百千万人才培养工程"的深入实施，就是要持之以恒地通过教育人才培养机制的创新，探索名优教师成长规律，优化教师专业发展的环境，激发教师竞相成才的活力，真正形成让教育家型教师不断涌现的良好教育生态。

十多年来，中小学"百千万人才培养工程"通过不断完善培养机制，形成了较为科学的"顶层设计"，建立了省、市、县三级分工负责、相互衔接的中小学教师人才培养体系，坚持"系统设计、高端培养、创新模式、整体推进"的工作理念，遵循"师德为先、竞争择优、分类指导、均衡发展、公平公正"的工作原则，统筹安排好集中脱产研修、岗位实践行动、异地考察交流、示范引领帮扶、课题合作研究等"五阶段"，并注重理论研修与行动研修相结合、导师引领与个人研修相结合、脱产学习与岗位研修相结合、国外学习与海外研修相结合、研修提升与辐射示范相结合的"五结合"，从而有效解决了传统教师培训存在的问题与矛盾，让"百千万人才培养工程"成为助力教师队伍整体素质提升、助推全省教育现代化的"标杆工程"。

教育现代化首先是"人"的现代化，推进中国式教育现代化建设呼唤数以千计、数以万计教育家型教师的示范与引领。什么是教育家型教师？2021年4月，习近平总书记在清华大学考察时强调，"教师要成为大先生，做学生为学、为事、为人的示范，促进学生成长为全面发展的人"。这实际上是为广大教师提出了职业发展的高标准，一个教育家型教师一定要胸怀"国之大者"，关心学生的精神成长、着眼于学生的全面发展和终身发展，立德树人，笃志于学，努力做新时代的大先生。

开辟新学，明德新民，岭南大地是一片有着优良文化传统的教育改革热土，生逢中华民族走向伟大复兴的新时代，今天的教育人更应该赓续初心，勇于担当，借助于"百千万人才培养工程"的制度赋能，立足于充满希望的教育实践原野，努力书写"立德、立功、立言"的精彩教育人生。

第一，要求实笃行，做勤学善研的育人者。

岭南大地向来有着求真务实、勤勉笃行的文化传统，正是凭着这样的实干精神，创造了经济社会发展的一项又一项奇迹。浸润在岭南文化精神中，广大校长教师始终笃守着为师的道义，躬身教育实践，用心用情地教书育人，并不断地思考、凝练和升华，同样创造出富有岭南教育文化特色的改革实践与教育理念。透视这些实践与理念，其中蕴含着真学习、真研究、真实践的教育价值导向。

深入研究学生，是育人之根。所有的校长教师，都应以学生为本来推进教育教学实践改革，关注学生的个体差异，包括智力、性格、情感、行为等方面的差异，了解他们的发展特点和需求，以便为他们提供个性化的教育；注重学生的生活体验和情感需求，帮助他们解决心理问题，调整情绪状态，创造良好的学习和生活环境，培养健康的心理素质和人格品质；关心学生的综合素质和发展潜力，引导学生参加各种活动，以培养其领导能力、创新能力、团队协作能力等非学科能力，提升其全面素质和可持续发展能力。我们坚信，一个育人之师必须要研究学生，为学生健康而全面成长服务。

深入研究课堂，是立身之本。课堂是育人的主阵地，也是师生共同成长的主要空间。校长和教师一定要沉潜在课堂一线，关注师生的课堂生活质量。从学生的学习兴趣和需求出发，引导学生主动参与课堂教学，激发学生的学习热情，使其在学习中得到满足和成长；要不断创新教学方法和策略，灵活运用不同的教学策略和技巧，提升学生的学习能力和思维品质，促进知识的内化与能力的输出；同时还要对课堂教学的内容、形式、效果等方面进行全面的评估和反思，不断提高课堂教学质量和效果。优秀的校长和教师的生命力在课堂中，脱离了课堂教学，任何教育创新都是"无本之木"。

深入研究管理，是兴教之源。教育管理，事关一所学校的"天地人和"，能够让每个人各展所长、各种资源得到适当调配，让人财物完美契合。这就要求校长教师要注重教育的发展战略和规划，善于构建教育愿景，以此来制订教育教学计划，为学生提供更优质的教育服务；注重管理机制和制度的建设，从招生到课程安排，从班级管理到教学管理等，无不体现规范与科学；此外还要注重自身与队伍的终身发展，不断提升团队建设水平，优化组织文化，在协商共治中走向教育治理，用良好的组织文化引导人、凝聚人、发展人。

第二，要守正创新，做知行合一的自强者。

教育是一项继往开来的事业，既需要继承传统，循道而行；又需要开创未来，大胆创造。一个优秀的校长或教师要掌握并尊重教育的基本规律，包括党和国家关于教育的方针政策、发展方向以及制度规定等，唯有如此，才能行稳致远，保障教育高质量发展。同时面对教育中不断出现的新情况、新问题和新挑战，要有改革思维与问题意识，发挥好主动性和创造性，在不断破解问题中实现教育的新发展。

一方面，要做好教育传承，弘扬教育文化自信。党的二十大报告提出，坚持和发展马克思主义，必须同中华优秀传统文化相结合。这启示我们，办好教育必须珍视既有的文化传统，植根于本民族、本区域历史文化沃土。岭南是传统文化蕴藉深厚之地，有着丰富的地域文化可作为教育的资源，也经一代代教育人的探索形成了许多宝贵的教育经验与理念。这些都是帮助我们办好今天教育的精神财富，作为校长和教师一定要通过学习，研修了解岭南教育的传统，做好教育资源的调查研究，用本土化、特色化的教育实践彰显教育文化自信，做有根的教育。

另一方面，要推进教育改革，以新理论指导新实践。教育要培养面向未来的一代新人，因此必须常做常新，满怀热忱地拥抱新生事物，要在不断学习中适应新情况、创造新经验。勇立潮头、敢为人先也是岭南的文化精神之一。广大校长和教师要敢于迎难而上，主动作为，面对教育工作中的问题或困难不抱怨、不懈怠、不推诿，充分激发成长的内驱力；要认识到所谓的问题恰恰是改变的契机，我们的教育智慧、我们的教育事业都是在不断破除困难、解决难题中得以发展；要不惮于说前人没有说过的话、做前人没有做过的事，不断拓展认识深度和广度，力争创造出更多教育改革的"广东经验""广东智慧"，这才是教育家型教师应有的胸怀胆识。

第三，要海纳百川，做担当使命的引领者。

优秀的校长、教师与班主任，在一定程度上都是先进教育文化的代表，这就意味着我们在"百千万人才培养工程"这个项目平台上，必然要承担更大责任，履行更大使命，有更高的精神追求。除了在高水平研训活动中完善自我、提升自我之外，还要胸怀天下、海纳百川，凝练自己的教育教学实践成果，升华对教育教学的思想认知，形成具有示范性、影响力的教育特色品牌，带动更多的学校和教师共同成长，一起不断地提升教育品质，推动教育高质量发展。

凝练教育特色品牌，从经验积累走向理论思考。一位优秀的教育者必然要做到知其然并知其所以然，不断增进对所从事教育工作的规律认知和价值思考。我们的名校长、名师和名班主任要立足自己丰富的实践经验，不断学习、不断反思，在专家指引和同行启示下，结合教育学、心理学、社会学等学科理论，将个人的实践经验凝练和表征为富有内涵的概念与符号，确立起具有鲜明个性特点与自我风格的教育教学品牌性成果，从行动自觉走向理论自觉，并用自我建构的理论或工具去指导实践、印证实践、优化实践，从"名师"走向"明师"。

用好教育特色品牌，从个体实践走向群体发展。实践经验范型一旦表征化为符号、概念，就立刻具有凝聚力、解释力与普适性，这就有助于引领、启发和影响更多的教师，结成教育发展的共同体，共同优化教育教学实践。各位名校长、名师和名班主任要发挥教育特色品牌的示范性，依托工作室平台，不断地吸收新生教师力量，不断地影响更多教育同行。正所谓独行速，众行远。以品牌建设为纽带，让每一位名师都发挥"磁场效应"，真正达到造就一位名师，受益和成长起来一批优秀教师的局面。让这些在岭南大地上星罗棋布的名师交相辉映、发光发热，照亮广东教育的美好未来。

升华教育特色品牌，从著书立说走向文化传播。近代以来，无论是岭南文化还是岭南教育，始终开一代风气之先，形成了许多影响全国的好经验、好理念和好的发展模式，同时也在教育文化的交流传播中更好地促进我们自身的发展。今天的校长和教师是岭南教育文化新的代表，也要有一种开放的胸怀和眼光，在教育全球化、信息化的背景下海纳百川、兼收并蓄，同时也要积极传播自身教育的优秀成果，在更大的教育发展平台上与名师名家、教育同行、社会各界交流对话，发出教育的声音，讲好教育的故事，扩大教育的传播力与影响力，增进不同教育文化的理解与互鉴。

正因此，看到又有一批"百千万人才培养工程"的优秀教育成果即将付梓面世，作为这项工作的管理者、参与者和见证者，由衷感到骄傲和自豪。古人云，"言而不文，行之不远"。希望我们广东的优秀校长和教师更加重视教育教学成果的凝练升华，这本身就是一件创造性的工作，也是更好地激发自身教育潜能、唤醒更多教育人生命活力的有效途径。愿这样的优秀教育成果能够发挥更大品牌效应，引领更多教育人不忘初心，潜心育人，参与到中国式教育现代化的伟大事业中，为中华民族的伟大复兴做出教育人应有的贡献。

是为序。

吴颖民

2023 年 5 月

■ 序 言

尊重学生主体
做新时代的高中班主任

　　这是一个主体意识觉醒的时代。高中生作为这个时代的生力军，他们的主体意识较之以往任何一个时代的学生都要更加强烈。他们有着独立的人格和思想，具有极强的自我表达意愿和认知反思能力，决策判断能力也在迅速发展，尤其特别的是他们正处于主体责任感和创造性思维发展的关键期。作为新时代的高中班主任，我们必须清楚地意识到这一点。然而，当前的诸多高中班级管理还停留在传统的以"管""教"为主的层面，难以适应时代的发展需求。邱志敏老师敏锐地捕捉到了时代的特征，紧跟时代的脉搏，基于主体教育哲学理念，在实践中不断探索和创新出了一套行之有效的高中班级管理方略，冠名为"3Cs"，作为班主任，我倍感欣喜。

　　《基于主体教育哲学理论的高中3Cs班级管理研究》这本书的问世，为我们提供了一种全新的班级管理思路，突出了自主、合作和创新这三大关键主题。

一、自主：尊重每一个学生

自主是 3Cs 班级管理的核心主题之一。首先，作为班主任，我们始终要相信，每个学生都是独特的个体，具有自主的思考、选择和决策能力。传统班级管理往往将学生视为被动接受者，忽视了他们的主体性。而基于主体教育哲学理论的班级管理则强调培养学生的自主学习能力和自我管理能力，让他们成为自我驱动的学习者。通过为学生提供自主学习和决策的机会，我们可以激发他们的学习动力和创造力，培养他们的责任感和自信心。因此，邱老师创建了值日周班长晋级制度，鼓励每个学生积极进取，并发展自我效能感。当一个老师充分信任自己的学生，并给予了学生自主发展的机会时，学生将真正激活内在的自我意识，并最终成长为一个人格健全的"我"。

二、合作：鼓励团队合作

合作是 3Cs 班级管理的另一个重要主题。在现代社会中，团队合作能力被认为是一种重要的素质。传统班级管理中，往往缺乏有效的合作机制和培养学生团队合作能力的机会。而基于主体教育哲学理论的班级管理鼓励学生通过合作学习和项目实践来培养团队合作技能。通过小组讨论、项目合作和角色扮演等活动，学生可以学会相互倾听、尊重他人意见，培养团队协作、沟通和解决问题的能力，这些都是现代社会所需的重要素养。针对此，邱老师创新了"三人行契约式合作学习模式"，在这种模式的实施中，学生们的合作意识、合作能力都得到了提高和发展。每一次，学生们为某个问题而争论、为某个方案而研讨时，我们都能从中看到这样一种未来青年的身影：他们勇于担当、善于合作，能够真正担当起中华民族伟大复兴的大业。

三、创新：引领班级向上

创新是 3Cs 班级管理最具突破性的主题之一。现代社会对创新思维和创新能力的需求越来越高，传统班级管理往往忽视了学生的创造力和创新潜能。而基于主体教育哲学理论的班级管理强调培养学生的创新意识和创新能力。学生通过创新性的学习任务、问题解决活动和创新思维训练，可以培养自己的创新思维、解决问题的能力和尝试新方法的勇气。这将有助于他们在未来的学习和工作中具备更强的竞争力。如何组织班级活动以提高学生的创新能力和实践能力，是邱老师一直苦苦思索的问题。他在实践中创新制定了御史台协理制度，创设了"向阳"等班级文化，设计了各种有趣的心理活动，这些都为引领创新型班级的建设提供了有益的借鉴。在这样的班集体中，我们的高中生必定阳光且充满朝气。

事实上，3Cs 的班级管理方略，从命名到实践再到凝练提升，我全程见证了它的成长。它蕴含着一位一线教育工作者兢兢业业、不断求索的精神，更饱含着躬耕教坛的班主任朴实无华、掷地有声的经验智慧。我们需要更多像邱老师这样的班主任，面对新时代高中生们提出的挑战和问题，不断融入智慧与热爱，创生出更多有效的班级管理策略来。

左璜

书于华南师范大学

2023 年 9 月 8 日

■ 前　言

　　进入 21 世纪以来，学生的成长和发展日益成为人们关注的焦点和教育改革的中心议题之一。学者们曾尝试从生命哲学、社会资本、生态学等视角对学生的成长和发展进行研究，以期更为完整地反映学生的成长和发展的全貌，为实践提供理论指导。因此，以核心素养为视角来审视学生的成长和发展是一个值得研究的课题，在以核心素养为本的教育改革推动下，高中 3Cs 班级管理模式构建与实践研究是一种新的尝试，这一新的尝试得以进行的背后有其独有的时代背景与缘由。

　　教育部一直提出要实行素质教育，推进素质教育，彻底改革传统的应试教育，把学习的自主权还给学生，让学生成为学习的主人，并且提倡减轻学生的学业负担，可是传统的应试教育思想深深扎根于千千万万中小学教育管理者的日常课堂中，给我们中国的教育模式带来了深远的影响。同时，广东省的大多数学校面对日趋激烈的升学压力，虽然推行了一系列的教学改革，然而多数学校的生源基本还是以前的水平，学习基础比较薄弱。那么，使学生快乐学习的同时，又能有效地提高教学成绩，给上级教育部门以及社会交一份满意的答卷，就应在面对教学管理压力时，提高课堂教学和班级管理效率，使学生在学习的同时，身心也能健康成长。笔者在班级管理中试行高中 3Cs 班级管理模式构建与实践研究，以期能够探索出一条在现行改革管理制度下适合高中班级管理和教学管理的发展之路，为学生的成长、学校的发展和高中教学成绩的提高建言献策。

为改善班级管理劳而无功的现状，笔者引入了主体教育理论，它弘扬人的主体性是主体教育的基本价值立场，把学生培养成未来社会生活的主体。它认为学生是正在成长着的主体，有一定的主体性，但还需要进一步培养和提高。只有发挥人（教育者和受教育者）的主体性，才能实现每个人全面、自由、充分的发展。主体教育理论为班级管理劳而无功提供了解决的方向，为其实施提供了理论支持和目标导向。此外，主体问题本身在哲学上也具有基础性。人的本质与人的价值探讨在东西方哲学史上都占据着独特的地位，某些时代甚至成为争论的核心。主体性作为一个哲学问题一直延续到今天，在本体论、认识论和价值论等多个领域都有所探讨。

基于主体教育哲学理论的高中 3Cs 班级管理模式构建与实践研究，是建立在主体教育理论和主体哲学理论基础上进行的，从学生成长内驱力出发，一方面通过学校教育管理层面，学校给学生成长提供平台和机会，促进学生自主成长为有创造力的个体；另一方面通过班主任的个人魅力引领学生，同时通过实行班级学生自主管理策略，如高中"三人行契约式合作学习模式"、御史台协理制度、值日（周）班长晋级制度促进其进行反思、沉淀、实践和成长。通过师生互动在情感方面引领学生自主成长，以培养学生的担当意识（C-COMMITMENT），促进学生进行合作式学习（C-COOPERATIVE），培育学生创新意识（C-CREATIVE），最终通过自主管理予以彰显，把学生培养成自主、健康、有创造力的个体（s-SELF-MANAGEMENT）。更重要的是构建了实际可行的"高中 3Cs 班级管理模式。关于高中"三人行契约式合作学习模式"的推行，首先，使用基于国际通用标准量表改编的问卷，对学生进行问卷调查，依据问卷上的学习斗志激情欲望的得分（不是依据学习成绩），把学生分成 A、B、C 三组。其次，每个学生依据自己学科的优劣势和性格互补性等自由组合成"三人行"的学习小组，找到志同道合的学习伙伴，与优秀的人同行。最后，组内三人签订"学习互助互相监督学习契约"，小组与班主任签订阶段性"小组学习成效合同"，并给予阶段管理措施和跟踪考核，关注学习效果。这种模式对小组和学生个人有外在考核和内在考核。外在考核为：一是学生和小组专业发展积分，二是与班主任签订的学习成效合同，要完成相应的指标。内在考核为：三人行小组的学习激情斗志、精神面貌、小组的凝聚力以及组内管理措施等。有压力才有动力，这种模式也给了学生双重压力：一是外在压力，与班主任签订的学习成效合同的学习成果导出，要完成相应的指标；二是组内成员互相监督、相互鼓励、相互竞争、互相管理。通过培养小组和个人的自我管理和自主学习，增强学生学习的主观能动性，增强班级的凝聚力，改善班级的学风、班风，促进学生成长。其中关于御史台协理制度和值日（周）班长晋级制度，对促进班级优良学风、班风的形成作用非常大，为解决班级管理劳而无功的问题提供了理论支持和目标导向，进而丰富了主体教育理论。

有鉴于此，基于主体教育哲学的相关理论，本书旨在通过高中 3Cs 班级管理模式构建与实践研究，尝试构建高中 3Cs 班级管理模式下的高中"三人行契约式合作学习模式"、御史台协理制度、值日（周）班长晋级制度，使高中 3Cs 班级管理模式不仅在实验班推行，也为普通班管理提供了创新的思路和方法，寻找这种模式的普适性，使高中 3Cs 班级管理模式在不同层次的班级继续深入探究，推广成果，扩大影响，从而提高高中生自主成长和自主学习的能力，进一步增强学校德育工作的针对性和有效性，拓展学校德育建设方面的教育途径，以期为学生的成长和发展提供科学的班级管理策略和有效的理论参考。

C目录
CONTENTS

第一章
主体教育哲学理论的阐述和分析

第一节　主体教育哲学的概念和班级管理思想发展历程

主体教育哲学是一种将主体性质作为研究对象的教育哲学思想体系，它认为教育是人的自我实现、自我完善和自我超越的过程；而学生是教育的主体，具有自我意识和自我决定的能力。因此，教育必须以学生的主体地位为中心，通过激发学生的自我能动性，促进其全面发展和自我实现。

主体教育哲学的发展历程可以追溯到古希腊时期。古希腊哲学家柏拉图提出"人是自己的主宰"的思想，是主体教育哲学的开端。在现代哲学史上，德国哲学家康德和黑格尔的思想，对主体教育哲学的形成与发展产生了深远影响。20世纪初，法国哲学家柯恩提出了"亲身经历"的概念，即通过亲身经历获取知识和理解世界。这一观念对现代西方社会哲学和教育哲学产生了深远的影响，也为主体教育哲学的形成与发展提供了重要的思想参考。20世纪中期以来，中国教育家、哲学家先后提出了"人的全面发展""人的自由和独立发展""自我意识""主体性"等思想，这些思想深刻地反映和发展了主体教育哲学的理论和实践思想。

随着时代的进步和社会的发展，主体教育哲学不断丰富和完善，形成了一套颇为完整的理论体系，并且在现代教育实践中得到了广泛应用，成为当今教育改革的重要概念之一。

我国的班级管理发展要比国外略早些，但班级管理的理论、思想、模式的发展要比国外略迟些。我国的班级授课制充分体现了我国的国家特点，班级再现了一个学校的管理缩影。进入 20 世纪中后期，学界将班主任理论作为专门的理论来研究，凸显了班主任工作的重要性。从目前的研究成果来看，首先，我国学者对班级管理体系建构方面的研究较为深入，更多地从学生发展的角度去研究班主任工作。其次，我国大部分一线班主任在班级管理技巧方面的研究比较丰富，而且以班级常规管理为研究核心，但大多是个人经验总结性的研究。尽管如此，这些研究都对我国班主任的管理工作起到了积极的推动作用。

关于班级管理的含义，目前国内没有一个标准的界定。班级管理理论离不开教育心理学理论的支撑，正是有教育心理学的理论支撑，使得各种班级管理出现了新的观念和新的研究思路。总的来讲，国内专家普遍认为班级管理就是班主任根据一定的计划和任务，运用一定的手段，通过建立制度，带领学生对班中的各种资源进行整合，协调一致地、有效地建构良好的班集体，实现预期目标的过程。

我国对班级管理思想的研究主要运用了管理学的相关理论作支撑。认为班级管理思想运用了现代管理的系统论与控制论，强调管理系统是一个开放的系统，强调要实现以人的需要为中心的目标管理，强调实现传统的被动管理向主动管理转变，强调在管理的过程中注重目标的评价与反馈。另外，班级管理思想还强调管理离不开制度与文化，行为规范重制度的管理，思想的管理要靠软文化的熏染。这些思想为本课题研究要做到科学管理与人文管理相结合这一策略提供了有力的理论支撑。进入现代社会，班级管理的思想越来越丰富了，而新课程"以人为本"的班级管理思想是目前最可行的手段，这个思想也是建立在现代管理的"人本"思想上，它有利于学生自我意识的增强。

近年来，我国关于班级管理对策方面的研究较为丰富，大多侧重于班级管理的制度、思想、策略等的研究，这都与我国对班主任工作的重视分不开。第一，以班级管理实例进行分析，找出班级管理做得好的地方或不足的地方，提出建议和对策。如李镇西、魏书生、方小艾等人的著作都是从案例分析出发，总结经验，得出具有指导意义的管理模式。第二，从心理学角度提出了"以人为本"的班级管理模式。这个班级管理模式认为教师在与学生交往的时候，要平等地看待学生，强调良好的师生关系必须依靠深厚的师生情感来维系，这样才有利于学生接受教师的教育；但是，在管理的过程中要因人而异，切忌一刀切，要求教师考虑学生的不同特点，出奇制胜。这一模式的研究有利于班主任转变教育角色，树立正确的教育观念，充分发挥学生的主体作用。第三，在班级管理的类型上，主要有三种管理类型：班级管理的成败大都取决于班主任的经验，班主任的任职期限越长，经验越丰富，班级管理的效益就越好，这类属于经验型的管理，缺乏创新性；班级管理是一种权力的象征，班主任直接对学校的指示进行上传下达，这类属于行政型的管理，缺乏积极性；对班级管理采取定性与定量相结合的方法加以科学管理，这类属于科学型的管理。这三种管理类型各有优缺点，作为班主任，要灵活运用，将三种类型有机结合起来，综合运用，真正实现管理的有效性。第四，在实施策略上，班级管理的研究应坚持以学生为中心，以尊重学生为前提，对学生的管理实行因势利导，做到制定班规要合理，防止千篇一律；设立目标要合理，防止脱离实际，高不可攀，导致学生丧失信心；实现决策发挥群体功能，做到人人参与；管理方式注重柔性管理，体现灵活性。这些研究提供了宝贵的经验和可参考借鉴的理论依据。第五，在班级管理的形式上，主要有单项式和双项式两种管理形式。单向式管理，即班主任直接向学生下达领导的指令，强制学生执行，班主任包揽一切；双向式管理，即班主任与学生之间有一定的联系，但仍以班主任为中心，需要班主任亲自去组织；民主平等式的管理，即班主任不再是权威，而是集体的一员，对班级起着指引作用，真正发挥作用的是学生自己。

综上所述，随着教育改革的深入推进，对班主任工作的重视程度也越来越高，对班级管理的研究也逐渐深入，尤其是国内一些教育科研者和一线班主任，加大了对班级管理的理论研究，试图寻找具有实效性的班级管理策略。但是，这些研究仍然没有自己的具有特色的班级管理思想与理论，大都局限在对国外教育管理的介绍性研究，以及班主任自己工作的实践经验总结性的研究上，对适合我国班级管理的科学的管理理论，以及班主任工作的定位等问题缺乏系统深入的研究。

第二节　主体教育哲学的基本原理和核心观点

主体教育哲学作为一种独特的教育理论，有其独特的基本原理和核心观点。本节将重点介绍主体教育哲学的基本原理和核心观点。

主体教育哲学的主体性原理是主体教育哲学的核心原理，认为学生是教育的主体，具有自我意识、自我决定和自我实现的能力。教育者应该尊重学生的主体地位，重视学生的心理需求和个性发展，激发学生的自我能动性，促进其全面发展和自我实现。主体教育哲学的个性化原理是主体教育哲学的另一重要原理，认为每个学生都具有独特的个性和特点，教育者应该通过个性化的教育方式和方法，满足每个学生的发展需求，促进其个性化的发展。主体教育哲学的教育个案化原理，是主体教育哲学的又一核心原理，认为每个学生都是独特的教育个案，需要通过个案化的教育方式和方法进行开发和培养，促进其全面发展和自我实现。主体教育哲学的价值人格原理是主体教育哲学的重要组成部分，认为教育的最终目的是培养学生健全的人格和良好的价值观念，使其具备丰富的人类精神文化内涵和高尚的道德情操。

国外一直流行着"3C 教育法"，3C 即 control（掌控）、commitment（责任，可托付）和 challenge（挑战），其内涵和外延都与我的"3Cs 班级管理"有着较大的差别。本书的"3C"具体阐释为 COMMITMENT/COOPERATIVE/CREATIVE 三大核心素养，内涵为担当意识培养特色、合作式学习方式、创新性教育理念，最终通过 SELF-MANAGEMENT 自主管理予以彰显，包含了班级育人目标、育人方法、育人理念。

在内涵的界定上，各个学者主要是从班主任的职责与班级的构成方面进行界定的。这主要是由于国外实行导师制，认为班级管理的主体是学生与班主任，这是与我国班主任工作的最大区别。国外的专家认为班级管理是老师一系列的行为和活动，主要任务在于提高学生活动与合作的能力。班级管理需要有一定的具有价值意义的目标，通过时间、场地等要素的投入，设定计划等环节，从而实现目标。班级管理主要在集体中完成，通过集体的目标、劳动、纪律来各司其职，形成正确的集体舆论。

主体教育哲学的核心观点之一：学生是教育的主体。主体教育哲学肯定学生是教育的主体，并将学生视作一个独立的个体，强调学生应当保持自我独立，掌握自我命运，通过实现自我价值而成为真正的人。主体教育哲学的核心观点之二：尊重学生个性。主体教育哲学强调在教育过程中应当关注学生的自主性，教育的任务不是简单地将知识灌输给学生，而是调动学生的自我思考和创造能力，倡导崇尚自由和开放的精神和自主创新的能力。主体教育哲学的核心观点之三：个性发展是关键。主体教育哲学认为，教育应当注重学生的个性发展，促使学生实现自我，成为自我，发挥自我潜力，通过个性发展实现个人价值的最大化。主体教育哲学的核心观点之四：教育应当坚持正确的价值导向。主体教育哲学指出教育活动应当坚持正确的价值导向，培养学生对社会价值的理解能力和社会责任的意义及其实现办法，不仅注重学生成绩的提高，而且更加强调学生的人类精神及道德情操的培养。

国外的班级管理理论与思想比较丰富，大多是建立在教育学、心理学相关成果的理论基础上，这些理论成果为班级管理思想的建立奠定了理论支撑。班级管理理论方面的研究较多，查阅资料得知，夸美纽斯的《大教学论》对各国班主任班级管理理论的研究产生了深远影响。20 世纪后期，国外更加注重学生道德行为的建立与价值观的培养，像皮亚杰的道德发展模式、科尔伯格的认知发展模式、考纳的完善人格模式等，都贯穿着班主任的班级管理思想，为当代德育模式研究奠定了基础。蒙台梭利强调让学生的潜能在可教育的环境中无拘无束地发展，她认为纪律与自由是相互统一的，学生的自主性要在纪律中形成。蒙台梭利的观点值得班主任在管理中借鉴，对班主任处理好纪律与自由发展的关系有很大的启发。马卡连柯主张通过集体、在集体中和为了集体，其在平行教育理论中强调管理的主要目标是用集体组织来培养学生的集体主义精神，提高学生的道德水平。以罗杰斯为代表的人本主义心理学理论认为人性是善的，学生都有发展的潜能，但前提是置身于被接纳、被肯定的环境中，教师的职能是为学生的成长提供促进与保障的条件。他的理论为"以人为本"的班级管理理念奠定了理论基础，与新课程"一切为了学生的全面发展"的理念是符合的。因此，对本课题的研究有很大的理论意义。

20 世纪以来，各种心理学的相关理论为国外班级管理模式的研究提供了比较大的理论支撑。主要有行为矫正理论模式、和谐沟通理论模式、目标导向理论模式，这些都为本课题的研究提供了理论基础。

第三节　主体教育哲学与高中班级管理的关系

主体教育哲学是一种强调学生主体地位、注重个体发展和教育个案化的教育理论体系。如何将主体教育哲学融入高中班级管理是一个重要的问题。本章探讨主体教育哲学与高中班级管理的关系，探讨如何运用主体教育哲学指导班级管理工作。主体教育哲学作为一种教育理论，与高中班级管理密切相关。班级管理的目标是培养学生健全的人格、良好的品德和基本的生活与学习能力，而主体教育哲学则强调学生的主体地位和个性发展。因此，主体教育哲学与高中班级管理之间具有紧密的联系。

主体教育哲学与高中班级管理的关系之一均重视学生主体地位：主体教育哲学强调学生主体地位，注重个体发展和教育个案化；班级管理也应该以学生为主体，注重个性化、个案化和尊重学生的独特性和差异性，这与主体教育哲学的基本原则相符。主体教育哲学与高中班级管理的关系之二均主张学生参与班级管理：主体教育哲学强调学生应该参与到教育和管理的过程中；班级管理也应该倡导学生参与，鼓励学生参与班级文化建设、组织活动、制定规章制度等方面的工作，促进学生的自我发展和自我意识的形成。主体教育哲学与高中班级管理的关系之三班级文化建设：班级文化建设作为班级管理中的重要部分，主体教育哲学认为班级文化建设应让学生自主参与、创造、实践和传承班级文化，积极发挥学生的主体性和创造性作用。

例如，以下班级文化建设方案很好地体现了主体教育哲学与高中班级管理的关系。

高一向阳（2）班班级文化建设方案

一、指导思想

凡是有人群的地方，都有自己的文化。班级文化建设是指依托并通过班级这个载体来反映和传播文化的过程，班级文化是社会文化的亚文化，是在社会主流文化、学校教育文化、教师文化的影响下，由班集体中全体成员自己创造出来的独特的文化。

如果把班级比作容器的话，那么学生就像水，在不同的容器里会被塑造成不同的模样。把班级还给学生，让班级充满成长的气息，构建富有个性的班级文化，是本次校园文化建设的重要举措。

二、制度文化建设

（一）班名：向阳（2）班

说明：经过班级的提名、票选，确定以向日葵作为班级之花，学生以向日葵向阳而生的精神作为指引，使内心的追求找到具体的依托，始终坚持以向阳的姿态不断进取向上。

（二）班级口号：不惧不惑，向阳而生

说明：强调学生以一往无前的勇气，不惧挑战，不惧风雨，不惧旁人的优秀，坚持自我；不迷惑，亦不沉迷于诱惑，坚定信念，不断向前！

（三）班训：以向上之名，将进取渗入灵魂

"精益求精，追求卓越"是班级的信念和追求。未来，以向上之名，将进取渗入灵魂，共同为推动班级高质量发展作出应有的贡献。

（四）班级目标：除了优秀，我们别无选择

说明：优秀，是一种习惯，也是一种力量；一旦学生把优秀当作生活的习惯，这种习惯就会帮助他们释放所有的潜能。因此，特别通过班级目标的形式让学生将优秀作为前进的方向。优秀，是全方位的：不仅指成绩的优异，更指思想的深刻、态度的端正。

优秀的人，首先应该是一个懂得感恩的人，心存感恩，就会拥有一颗爱人的心。感恩父母，感恩老师，感恩同学，感恩给予自己帮助的人，感恩给予自己力量的一切，包括自然界的一切。感恩是做人基本的素养，拥有此心，就能做到以诚待人、善待他人，就能迸发出一种奋斗的力量。

其次应该保持一种积极向上的姿态。因为懂得感恩，所以明白生命的可贵；因为懂得感恩，所以更加热爱生活，保持一种乐观的、向上的状态迎接生活给予的一切，包括荣誉或磨炼。

因此，学生要把优秀当作唯一的选择，是主动选择优秀的生活，而不是被迫生存。

（五）班歌：《红日》

说明：这首歌是学生军训期间的表演曲目，是他们共同演唱的第一首歌，有他们共同的回忆，意义非凡；同时，这首歌也与我们"向阳而生"的班级精神相契合。

（六）班主任寄语

每一位学生，都是一颗等待盛放的花种。开花的时期有早有晚，但我相信，终有一天你们许下的葵子之梦，会如夏花一样灿烂！

说明：向阳（2）班作为一个平行普通班，所有的学生都存在一些学习上的不良习惯，但也有许多的优点和优势，他们聪明、活泼、开朗、善良。我坚信，每一个学生都会有绽放自己光彩的一天，只要老师给予他们足够的关心和关爱，只要给予他们信任和时间，他们都会获得成功！

（七）班级誓词

我用青春的名义宣誓：我要用智慧培育理想！我要用汗水浇灌希望！我要踏过坎坷书山！我要渡过茫茫学海！我不负父母的期盼，我不负恩师的厚望，我不负天赐的智慧，我不负青春的理想！不做怯懦的退缩，不做无益的彷徨！相信自我，不断超越！挑战自我，追求卓越！撷取成功，舍我其谁！

（八）班级公约

根据班级的具体情况，在充分尊重学生的前提下，进一步修订班级公约，并张贴在教室宣传栏内，以约束学生的行为。

三、课室布置

（一）班级公告栏

主要张贴班级公约、课表、班级德行量化评价、进出学校时间等。

（二）班级宣传栏

以向日葵的图案为依托，设置个人评比与表扬栏，表彰每周表现良好的个人，包括学习之星、习惯之星、清洁之星等，张贴其照片，在班级形成你追我赶的学习氛围。

（三）后黑板

后黑板作为课堂小组展示的主阵地，将奉行一切有利于学习与展示的原则，尽量不破坏其完整性。只利用其三分之一的位置，张贴班级各小组的风采展示图片。同时，在展示区域张贴"让展示成为一场盛宴"的标语，激励学生积极进行展示，表现自我。

（四）读书角

利用班级空余的两个书架设置一个读书角，收集同学们平时爱看的书籍，进行交换、交流，提升学生的阅读兴趣，以阅读带动学生人文素养的养成。并围绕阅读开展以下主题活动：

第一次："与书为伴，其乐无穷"主题班会

（1）介绍一本好书，阅读一本好书。

（2）记一句阅读名言，并交流自己的阅读心得。

（3）写作小竞赛《我与书为伴》。

第二次：我能行——评比优秀小组、优秀个人以资鼓励

（1）通过主题班会小结班级活动。

（2）开展一次展示活动：用演讲、作品、作业、平时积累的照片、卡片等

展示一年来的收获与进步。

四、精神文化建设

一切物质与制度的建设最终是为了给学生提供精神的养料。在制定班级制度与布置课室环境的过程中，将充分发挥学生的智慧与力量，使他们在自我建设的过程中，获得精神上的追求。

坚持以向日葵为依托，不断追求，并将这种精神渗透到各项活动中。

（一）校运会

将向阳而生的精神写进班级的入场词中：迎面走来的，是高一（2）班的勇士们。他们目标坚定，蓄势待发！誓要以向阳的身姿迎接一切困难，在人生战场上闪耀出夺目的光芒！

（二）班会课

陆续开展"我的成功我做主""热爱生命、享受阳光""做一个幸福的人"等班会活动，指导学生热爱生命，热爱自己，保持向上的状态。

五、结语

班级文化建设，对一个班级而言是一次难得的机会，使学生在共同建设班级文化的过程中形成良好的凝聚力和向心力；也使他们获得难忘的人生体验，对班级产生归属感和依赖感。班级文化建设，是班级走向成熟的标志，也是班级走向成功的开始。只有坚持实施，不断更新、改进，才能使之发挥最大的效用，使班级获得最终的胜利，使班级成为学生与老师共同的家！

高二飞翼（1）班班级文化建设方案

一、指导思想

根据班级实际、工作个性、学校德育工作要求进行富有个性的班级建设内容。要做好学校常规德育的工作，从以下方方面面做好班级文化建设——环境文化建设、精神文化建设、活动文化建设，以形成具有特色的班级工作风格，培养具有美德、眼光、创新的学生。

二、成立班级文化建设领导小组

组　　长：何慧琳　黄　伟

副组长：陶林燕　陈心洳　蔡嘉然　张耀生

成　　员：飞翼班其他全体成员

三、班级文化建设具体内容

（一）环境文化建设——教室布置

教室是一个学生主要活动的场所，一个优美良好的环境才能带给学生良好的心理状态。在布置教室时，要注意室内各种设施颜色的搭配，使教室呈现出一种自然、平静、整洁的气氛，显现一种和谐美，在文化氛围建设上还要有学校特有的风格。

1. 公告栏的布置

贴上班级课程表、作息时间表、班级公约、卫生值日表、班级德行量化考核表，以及各种临时通知等。用一些有颜色的纸把这些框起来。

2. 后黑板

设定小组上课展示专用区域，体现大方美观的风貌。

3. 学生书架

为了能更好地培养学生的良好习惯，增加教室的干净整洁度，要求每位学生的书架都按照要求统一摆放好。

4. 班级宣传语

在教室后黑板上方贴上班级励志宣传标语"吃得苦中苦，方为人上人"，秉承军训以来会吃苦、能吃苦的行为习惯。

5. 绿色文化的布置

让班级每个小组各贡献一个盆栽，提倡创新、绿色、节约，根据室内环境摆放在学生书架上，给人一种温馨的自然美。

6. 杂物房

班上的扫除工具要摆放整齐。

（二）精神文化建设——班级宣传与班级小组风采

1. 班级宣传

目标：路漫漫其修远兮，吾将上下而求索。

班训：未来的你一定会感谢现在努力的你。

班主任寄语：不爱学习没有品位，打扰别人没有人品，让学习成为习惯，每天进步一点点。

班级口号：一班腾飞，无坚不摧；一班最强，神采飞扬。

班名：飞翼班（谐音"飞一般""非一般"，由班级口号衍生而来）

2. "飞翼班风采"：班级宣传栏

班级宣传栏展示班级 8 个小组的文化风采以及生活风采照，均以"心形"在班级宣传栏亮相，寓意班级 8 个小组 48 个成员心心相连，心心相印，共同打造一个充满爱心的班集体。

3. "飞翼班见识"：班级特色栏

班级特色栏展示班级 48 个成员的座右铭，以"1 字形"亮相特色栏，并在"1字形"左右两边为其插上"翅膀"，与班级口号"一班腾飞，神采飞扬"遥相呼应，更能够突出体现班级精神风采。

4. 班级小组目标建设栏

根据月考成绩在班上开展"理想目标"教育，学生根据自身月考成绩设定下次月考目标以及选定竞争对手，用各种形状的便利贴以小组形式展示在班级小组目标建设栏上，在班上形成你追我赶、互相竞争的学习氛围。

（三）活动文化建设——主题班会

每周一次的班会课是德育建设的思想阵地，充分有效地利用班会时间是班级建设的最好途径，在班会课上应强调学生活动的自主性和创造性。在自我设计的活动中，学生能够自由充分地发展他们的爱好、特长和各种能力。这对于培养学生健全的心理有重大作用，其意义往往是课堂学科教学活动所不能替代的。所以我们要放手让班干部组织、主持班级活动，给学生更多的自己管理自己的权利，这样将确保班干部与同学之间的频繁交往，又利用活动促进同学间的交流沟通与合作，进而满足学生各种心理的需求。当然，组织活动是应注意培养学生的兴趣、特长、良好个性、主动精神、交往能力的，以便拓展学生心理发展的更广阔天地。主题班会课根据时间的不同、学生心理需求的不同确定内容。具体班会课主题安排如下：

第十一周：学习经验和方法交流会（月考的进一步总结）

第十二周："我运动，我健康"主题班会（十二周的校运会）

第十三周："唱响青春"飞翼班班歌比赛活动（丰富学生课余生活）

第十四周："青春与梦想"主题班会（第二次月考前动员）

结语：班级文化建设是一个动态的过程，要使学生不断有新的见解、新的观点出现，我会及时发现，只要有利于学生主体性、创造性的发挥，就要大力提倡。只有群体主动参与创造班级文化，才能形成同类价值意识、价值取向，而且参与得愈广泛、愈长久，文化创造得愈多，积累得愈丰厚，学生个体才能在浓厚的班级文化氛围中，如"春风潜入夜，润物细无声"，自然融入班级共同的价值目标和取向中，获得创造的自由、发展的自由。

高二创新（10）班班级文化建设方案

一、指导思想

我认为班级文化建设的真正目标，不仅仅是创建漂亮的教室环境，最重要的还应当是从人文的角度实施班级管理，用班级文化的氛围来熏陶学生，帮助学生走出误区、改变习惯，最终使学生在"无意识"中养成一定的人文素养，超越和完善自我，铸造人格精神。

二、班情分析和预期目标效果

高二（10）班为文科普通班，经过两个月的相处和观察，我感觉本班学生集体荣誉感较强，团结向上，热情开朗，乐于为班集体作贡献。基于同学们的这些优点，我在班级文化建设当中充分发挥本班学生的长处，鼓励大家积极参与其中，为班集体建言献策，为班集体作贡献。通过班级文化建设的各项活动，增强本班学生的凝聚力和集体荣誉感，通过大大小小的活动让同学们更加融为一体。同时，由于本班很多学生在学习上欠缺目标和前进的动力，学习的主动性不强；为此，我设计了"我的未来不是梦"的理想主题教育，希望能够激发学生学习的动力。

我在班级文化建设中充分发挥班级文化的育人功能，将班级文化建设贯穿始终，遵循"潜移默化"的原则，最终"水到渠成"，课室环境得到改善，所带班级也基本形成一种风格：团结、向上、求学、进取。当然这也是我所带班级文化建设的基本理念，在平时的班级文化建设中，我总是通过班风建设、教室设计、开展各种文化活动，以及我的言传身教使学生在潜移默化中受到熏陶与感染，让每个学生都能在思想上不断进取和完善，最终达成共识，产生共鸣。

三、具体实施内容

（一）物质文化建设

正如苏霍姆林斯基认为，无论是种植花草树木，还是悬挂图片标语，或是利用墙报，我们都将从审美的高度深入规划，以便挖掘其潜移默化的育人功能，最终连学校的墙壁也在说话。我希望通过各项物质文化建设，给学生增添生活和学习的乐趣，培养学生正确的审美观，陶冶学生的情操，促进学生奋发向上，增强班级的向心力、凝聚力。

班级物质文化建设指引表

板块	实施内容	实施过程	作用效果
课室环境	★地面、墙壁、窗台：保持洁净 ★杂物房：保持洁净，工具摆放整齐，垃圾及时清理 ★讲台、小桌子：保持洁净，教具、抹布和粉笔等摆放整齐 ★学生书桌、书架：学生书桌上的书摆放整齐，高度不超过8厘米，抽屉里的书、文具等摆放整齐，书架统一摆放方式且保持整齐 ★环境美化：在书架上摆放适当的盆栽	首先鼓励学生主动为班级服务，如在总务处借来铲子把地面上和墙壁上留下的污迹清除掉，尤其是往年扇灰和油漆前后门留下的痕迹，还有把杂物房多余的东西和坏掉的工具扔掉；然后在日常清洁保洁工作中注意细节，并让卫生委员跟进督促清洁工作的落实；在书桌、书架方面找专人负责管理，平日里把不合要求的同学登记在量化考核中，让同学们渐渐养成自我管理书桌书架的习惯和能力	旨在让同学们每天都能在干净舒适的课室环境中学习和生活，促进其学习效率；同时提高学生自我管理的能力

板块	实施内容	实施过程	作用效果
班牌	★班级目标：创更好的班级，做更好的自己 ★班级口号：高二（10）班，决不一般；奋勇拼搏，我们最强 ★班训：团结、向上、求学、进取 ★班主任寄语：明天的你，一定会感谢今天拼命努力的自己	以校运会为契机，以班级文娱宣传委员为主体，同大家一起设计班级的目标和口号	通过独特的文字魅力打造团结向上的高二（10）班，激发同学们奋斗的激情
宣传栏	★激励标语：明天的你，一定会感谢今天拼命努力的自己 ★光荣榜：月考之星、学习之星和德行量化之星 ★每天正能量：《哈佛图书馆的二十条校训》、"同学们都棒棒哒" ★班务栏：期中考试挑战对象及目标、篮球赛第一名奖状、每周量化表、值日表等	此项内容班主任给予指导意见，宣传委员负责执行落实，个别班里学生也主动参与其中。激励性标语以富有个性的大字体张贴在宣传栏上方，下方分别张贴光荣榜、每天正能量和班务栏内容，其中"同学们都棒棒哒"是每周及时更新的班里好人好事现象以及班级集体荣誉等内容，班务栏也留出空位以便日常张贴通知事项或学生佳作等	通过显眼的大标语时刻提醒同学们要努力向上，不能轻易松懈；褒奖在学习上、德育上表现优秀的同学，树立榜样；肯定同学们的优点，鼓励同学们一点点进步
主题墙	★"我的未来不是梦"理想主题教育	首先通过开展"我的大学梦"主题班会激发同学们追求理想的斗志和确立人生目标。班会上让同学们了解广东的大学名录、龙江中学最近三年的高考上线情况，介绍分享自己的大学校园时光，激起同学们向上的斗志，最后让每一位同学写下自己的理想目标以及打算如何实现自己的目标，把每一位同学写下的目标张贴在主题墙上	帮助同学们确立人生理想和学习目标，了解现状，更有针对性、更有目标地去学习、去努力、去奋斗，营造一种求学进取的积极氛围

续表

板块	实施内容	实施过程	作用效果
小组目标建设板	★小组名片 ★小组成员照 ★每位同学的学习过程得分	开学伊始，鼓励每个小组设计属于自己的小组名片，内容包括组名、小组目标、小组口号和小组分工等，给每个小组拍一张全家福。此外，在板上每两周更新同学们的学习过程得分	充分发挥小组的作用，让每个小组之间形成一种良性的竞争意识，最终取得共同进步
后黑板	★课堂展示区 ★风纪栏 ★通知栏	后黑板分为三大板块，宣传委员设计好版面和图案，既要实用又要美观。课堂展示区作为同学们课堂上展示所用；风纪栏每周更新风纪得分，并把具体扣分情况登记在黑板上；通知栏作为日常班级事项的通知	为学生的课堂展示留出空位，保证课堂活动的顺利开展，同时在黑板两侧划分出风纪栏和通知栏，增加黑板的实用性和利用效率
标语板	★团结、向上、求学、进取	确定标语后班主任负责打印，宣传委员做色彩的填涂	让学生潜移默化形成班级的主流思想
图书角	★学生自主捐献的课外书籍	鼓励同学们把自己的书籍放在班级的图书角供大家一起借阅	增加学生的阅读量，同时让学生形成学会分享的好习惯

（二）制度文化建设

在班级文化建设中，通过安排合理的监管机制，有效地实施龙江中学各项规章制度、中学生行为准则等内容，经过不断地磨合、调整后，让班级同学达成共识，并自觉遵守，使班级管理井然有序，形成一种具有班级特色的制度文化。班级制度文化的建设，不仅为学生提供了一定的准则规范，使他们能约束自己的言行，不断完善自我，朝着符合班级集体利益、符合培养目标的方向发展，也体现了班级管理的公平与公正，从而为班级环境文化和班级精神文化建设提供了有力的保障。

班级制度文化建设指引表

板块	实施内容
班规	以龙江中学德行量化为基准，收集同学们的建议和意见，结合本班实际制定高二（10）班班规，内容包括学生日常需要遵守的规章制度，以及相应的加分、扣分规则和奖励、惩罚措施，在开学初给同学们认真解读本班班规，随后每周根据存在的问题有针对性地强调，在实施的过程当中，班主任力求把握好加分、扣分的尺度，并且通过奖励和惩罚让学生逐渐养成良好习惯和加强班集体的荣誉感
班干部职责责任制	对班干部进行明确的职责分工，力求班内每项事务都职责到人，尽量把班级事务细化、明确化，并采用值日班干部制，对值日班干部进行培训和指导，每周至少开展一次值日班干部会议，随时跟进班级事宜，及时发现存在的问题并商讨改进方法，对班干部也要实行奖惩制度，全班同学和班主任一起监督班干部，如有失职的需对班干部进行扣分或相应惩罚；此外，日常随机选取班上学生对班干部尤其是值日班干部进行评价，了解班干部的工作情况以及班干部与其他同学之间的相处情况，通过各项事务的细化以及跟进落实力求让班级正常运转并且朝着良好方向发展
学习过程积分制	根据以往学生课堂上积极性不高、作业质量不高等情况，在班里进行了学习过程的积分活动，把学习过程转化为量化分，更大限度地激发学生学习的积极性，即5个学习过程分换1个德育分，鼓励学生积极发言、踊跃展示，提高作业质量等。为了提高此项制度的实效性，班主任与各科任老师做好充分的沟通工作，取得科任老师的支持，携同他们的力量提高学生的学习积极性；同时召开科代表会议，强调各科代表工作的重要性，落实各课堂上和课后作业的登记规则，并由学习委员负责做好督促、监督和统计工作
优秀小组奖励制	每个月综合各组的德行量化得分、学习过程分和考试情况，选出第一名为当月的优秀小组，进行一定的奖品奖励；同时，最后一名小组在班会课上要准备一个节目与同学们展示。通过此项内容增强小组的凝聚力和充分发挥小组的作用，让小组间的成员互相监督和提醒，取得共同进步

（三）精神文化建设

对于班级文化的深层面——班级精神文化的建立，我有更深层次的思考：班级文化就像人的气质，每一个班级都有自己的特点、精神和灵魂，班级精神文化弥漫在班级的各个角落，时时撞击着学生的心灵，我希望在这个班集体里充满着正能量，充满着阳光与朝气，希望班上的同学们每天都团结友爱、奋发向上，而不是像一盘散沙一样各做各的，容易产生内部矛盾，希望班级文化能够潜移默化地让同学们感觉这个班集体就是一个家，让同学们得到真正的成长。

班级精神文化建设指引表

板块	实施内容
班主任寄语	明天的你，一定会感谢今天拼命努力的自己
班级目标	创更好的班级，做更好的自己
班级口号	高二（10）班，决不一般；奋勇拼搏，我们最强
班训	团结、向上、求学、进取
"每天正能量"	记录同学们日常学习和生活当中的好人好事、光荣事迹、感人瞬间等，充分从不同的角度去肯定学生、表扬学生，让学生重拾自信与对学习生活的前进动力，激励着学生做得更好，不断进步
期中考试挑战对象与目标	每次考试前让同学们挑选挑战的对象和制定自己的考试目标，考试后对挑战成功的学生进行奖励，通过目标的制定提醒学生认真学习
"我的未来不是梦"	让学生写出自己高考的目标和未来的理想，以及为了达到此目标从现在开始要如何去努力和付出，制作成主题墙鞭策学生奋斗
班级活动	班级活动的开展对于班级精神文化的建设具有独特的作用，通过鼓励学生积极参与班级活动，在活动中为班级出力，为班级拼搏，为班级加油，活动过后班级的凝聚力和向心力往往会大大增强。如通过这次的高二年级篮球赛，从文科班冠军到年级冠军，充分体现出同学们团结向上、朝气蓬勃的一面，这正是我所希望的。同时我会抓住这次校运会的契机，通过校运会增强同学们的积极性和班级凝聚力
主题班会	主题班会的开展能够有方向、有针对性地引导同学们养成集体意识，提高自我管理能力，提高自身综合素质等。因此我拟订了每个月的主题班会教育，充分发挥班会的引导作用 9月——尺度教育系列：男女生交往尺度、手机使用 10月——学法指导教育系列：文理科的异同、时间的合理安排、新课的学习和旧课的复习、考试的准备等 11月——理想教育系列：树立人生理想、确立人生目标；责任教育系列：班集体荣誉感、安全教育、生命教育 12月——集体主义教育系列：人人有事做、事事有人管 1月——考风考纪教育系列：诚信教育、学校的处罚力度，如何明辨是非等

四、小结

班级文化建设是一个长期、循序渐进、逐渐积累的过程。积极上进的班级文化氛围能使我们教师和学生心情愉悦，能激励学生不断地健康成长，能使学生更加积极、轻松、热情地投入学习、生活与工作中。我相信只要我们每一位班主任都能做个有心人，共同来关注班级文化建设，班级文化一定能在学校教育中有效地发挥它的作用，真正做到"随风潜入夜，润物细无声"。

高三奋青（8）班班级文化建设方案——以"奋斗"为主线的奋青班文化建设

一、指导思想

班级文化主要指在班级内部形成的具有一定特色的思想观念和行为规范的总和，是一个班级内在素质和外在形象的集中体现。班级文化建设对创建有个性的班级文化环境，塑造学生的人格气质，提高学生的学习效率有着重要的作用。尤其是在高三有着巨大的学习压力的情况下，良好的班级文化建设是缓解学生压力，获得学习高效率，进一步塑造健康人格不可或缺的途径。班级文化的主要内容是班级形象、班级精神、班级凝聚力、班级目标、班级制度、团队意识、班级文化活动等，所以班级文化的核心是班级精神和价值取向。

二、总体目标

针对高三文科普通班这一实际情况，为了营造学生和谐进取的班级成长氛围，建立拼搏向上的富有特色的班级文化，丰富班级文化的内容和形式，在传统中挖掘新意，使班级文化与学校办学理念融为一体，营造热爱学习的风尚，从而满足学生发展的内在需求，充分激发学生的内在潜能，进而形成具有教育性、凝聚力、制约性、激励性的班级文化。

三、预期效果

（1）班级环境更整洁、更温馨，使教室真正成为学生自己的"家"，成为高三学子奋斗的强劲后方营地。

（2）班级凝聚力进一步增强。学生逐步认识到集体和个人的关系，整体与部分的相结合，学生的集体观念得到增强和巩固。

（3）学生思想品德教育得到充分的提高。让学生成为文明礼貌的高中生，努力学习、积极向上的正能量在教室中传播。班级德育工作进入一个全新的境界。

（4）"奋斗"二字成为重要的精神内核，让学生们明白高三这年"拼一个春夏秋冬，搏一生无怨无悔"，让学生们深知"无奋斗，不青春"，从而激发学生努力拼搏的驱动力和向上力。

四、确定班级目标和理念

1. 班名：奋青班

奋青，寓意"奋斗之青年"，不比起点比努力，不求结果追过程，但求在最美好的青春年华里，拼尽全力，无怨无悔。

2. 班训：做人如水，做事如山

在紧张忙碌的高三学习中需要耐得住性子，沉下心去做事，一步一个脚印，夯实每一步基础，切不可心浮气躁，如山般稳重。在学习的过程中，我们不断地完善自己，学会自尊，增强自信，逐步学会理解和尊重他人，善于与他人沟通和交往，和谐相处，如水一般灵动。

3. 班级目标

拼一个春夏秋冬，搏一生无怨无悔。

4. 班级口号

无奋斗，不青春。

5. 班主任的寄语

拼搏到无能为力，努力到感动自己。

希望同学们在最美好的年华，尽最大的努力，追最美的梦想。纵使我们没法预知结果，但求过程无悔，总有一天你们会感激现在如此努力的自己！

五、具体建设措施

（一）美化环境建设

1. 教室卫生

书柜、书桌的摆放整齐统一，学生定期整理书柜与书桌书籍，试卷、习题要分类，并设置专人定时检查，纳入个人德行量化考核。及时清理杂物，定时消毒；清洗拖把、抹布、垃圾筐；要求少带、不带奶茶等饮料进入课室，保持杂物房卫生。

2. 宿舍卫生

内务达到要求，宿舍布置整洁、温馨、高雅。按时归寝就寝，按时起床就餐，按要求整理内务，接受生活教师的检查，彻底消除安全隐患。

3. 宣传栏布置

（1）由宣传委员组织有绘画基础的同学成立宣传小组，开展工作。

（2）装饰和分区域：一区域公布班务（课程表、班级公约、德行量化表、值日表等），另一区域公布动态通知。

（3）利用宣传栏设计特色栏目：如公布每次月考的光荣榜，学习之星、单科状元以及进步之星等，培养学生的竞争意识。

4. 主题墙

（1）以"无奋斗，不青春"为主题，针对第二次百校联考，组织经验交流。

（2）单科状元撰写经验交流，分享自己的学习经验。

5. 黑板以及黑板上方

前黑板设有"高考倒计时""距离最近一次考试的倒计时"以及课表等，后黑板设有"班务日记"做动态的班级公布。

（二）强化制度文化

"没有规矩，不成方圆。"高三制度文化，既要体现制度的严肃性，又要反映高考备考的特殊要求，还要具有人性化的特点。建立良好的班级制度文化，是确保高三教学和管理取得预期成效的重要措施。

（1）严格贯彻《中学生守则》《中学生行为规范》，落实教导处和德育处有关教学常规管理和学生管理制度。

（2）以《龙江中学学生德行量化考核方案》《文明宿舍》《龙江中学学生学习过程评价方案》为重要参考依据，结合本班实情，全体同学制定《龙江中学高三八班公约》，按质按量实施，做到善者有奖，违者必究。

（3）针对班干部考核管理，据《龙江中学高三八班班干岗位责任制》，拟定《龙江中学高三八班干部队伍协议》，设定各项奖励和惩罚事项，让班干队伍高效化、制度化。

（4）落实《高三八班据赋分选位置方案》，有效落实学生选择主动权以及老师调配决定权，使之行之有效，在学生中形成强有力的竞争，保持学习的积极性。

（5）以"舍风"和"组风"为小基点，来强化"做人如水，做事如山"的班风和"积极进取，奋力直追"的学风。

（6）拟定《宿舍值日安排表》和《教室清洁安排表》，将各项目落实到人、责任到人。

（7）建立班级会议制度、班团干部值日检查制度、请假制度和考评制度，形成学生自我管理模式。

（8）落实课堂常规，狠抓课堂秩序，消除各种课堂违纪现象。狠抓学生行为习惯训练，杜绝各种校园违纪行为。

（三）打造精神文化

要激发一个集体，首先要形成全体成员共同拥有的追求目标，从而达到团结一致，激发整体，做到心往一处想，劲往一处使。

制定班训以及班号等，由学生讨论，与班级目标一致。

围绕班级目标开展系列主题活动：

1. 打造"班级贴吧"（9月）

打造班级赏识文化。学生有着各自的特点、各自的爱好、各自的优势和劣势，我们要抓住闪光点，充分调动学生的积极性，树立起学生的自信，培养学生健全的人格，在"贴吧"上建立"班级光荣榜"，如集体荣誉感强的、会学习的、学习进步的等。突出班级赏识文化，让学生在被赏识的积极氛围中成长进步。

2. "抱团学习"，高效双赢（10月）

分组挑战，竞争对手选择，以兴趣小组为机制，甄选竞争对手，在竞争中合作，在合作中共赢。

3. 典型教育，榜样力量（11月）

评选班级中的各类优秀奖。例如"学习之星""单科状元""文明之星""优秀班干部""进步奖""优秀小组"等评选活动，激励学生的上进心，丰富学生的思想道德，增强学生的自信心。

4. 学习经验交流会（11月）

以三次月考为临界，特以百校联考为契机，开展学习经验交流会，分享经验，技法指导，碰撞火花，彼此共同进步，把握学生该阶段的需要，找准教育切入点，激发学生的内在潜力，增强学生的学习动力。

5.成人礼的洗礼（12月）

借助学校成人礼的活动，阐释"成长"的意义，明确如何成长，怎样担当。

6.轻松驿站减减压（1月）

建立学生内心宣泄的窗口。专设一个"轻松驿站"的栏目，鼓励学生在不违背正常的道德标准的前提下，在那里自由发言，甚至搞笑搞怪。轻松之余减减压。

六、相关准备工作

第一，明确分工，建立班级文化建设实施小组，制订相应计划。

第二，制定班名、班训、班级目标等，老师和同学共同构想，体现高三（8）班的特点与风格。

第三，评选班级中的各类优秀奖。例如"学习之星""单科状元""文明之星""优秀班干部""进步奖""优秀小组"等评选活动，激励学生的上进心，丰富学生的思想道德，增强学生的自信心。

第四，高效开展班干会议，积极开展百校联考经验交流。

第五，购买相应物品。

班级在保证日常正常的教学和学习的前提下，努力从多方面、多层次营造尽可能浓厚的文化氛围，师生们生活在这样的氛围里，感受着优雅，浸淫着和谐，无论是对于教还是学，无疑是有着难以估量的意义。

主体教育哲学指导班级管理工作要建立以学生为中心的班级管理模式，班级的管理模式应改变以往只强调教师管理和指导的模式，转向以学生为中心的班级管理模式，注重学生个性化、个案化的需求，鼓励学生参与管理，以激发学生的主体性。主体教育哲学指导班级管理工作要培养学生自我发展意识，班级管理应该培养学生自我发展意识，注重学生的自我意识和自我决定能力，通过构建一个自由、自主的学习环境，来激励学生的自我探索和发展。主体教育哲学指导班级管理工作要发挥学生团体作用，班级管理应该发挥学生团体作用，营造班级积极向上的氛围，引导学生进行合作、交流和支持，共同创造班级文化和班级精神。主体教育哲学指导班级管理工作要引导学生参与班级文化建设，班级管理应该支持和引导学生参与班级文化建设，激发学生的主体性和创造性，鼓励学生参与班级文化的设计、组织和维护，促进班级文化传承和创新。主体教育哲学与学生的主体性、身体健康和学习成绩关系密切，在班级管理中应该注重以下几个方面。

（1）加强班级管理对学生主体地位的认识，班级管理需要重视和尊重学生的主体地位，尊重学生的自我决定和自我实现的能力，为学生的全面发展提供支持和保障。教师在班级管理中应注重学生的主体性，不仅要注重学生的身体健康和学习成绩，更要关注学生的价值观、个性发展和意志力培养，为学生的全面发展提供支持和保护。

（2）注重个性化管理，促使学生个性化发展，主体教育哲学强调每位学生都是不同的个体，有不同的特点和需求。因此，高中班级管理需要注重个性化管理，为每位学生提供个性化的培养和管理，以满足不同学生的需求和潜力，促进学生个性化发展。

（3）引导学生自主学习和自我管理，主体教育哲学强调学生是自由和自主的，注重引导学生自主学习和自我管理。在高中班级管理中，教师需要通过引导学生自主学习和自我管理，激发学生的学习热情和主动性，促进学生的学习进步和个性化发展。

（4）强化班级管理的价值导向，主体教育哲学强调教育应当价值导向，高中班级管理也应该以价值导向为目标，注重培养学生积极向上的人生价值观念和操守，加强学生道德教育和品德教育，以培养学生成为自我实现和社会服务的有用人才。

总之，主体教育哲学强调学生的主体性和自我实现，这对高中班级管理提出了更高的要求。班级管理者需要注重学生的个性化发展和自主学习管理，加强价值导向的教育引导，为学生的全面发展创造更加良好的条件。

第二章

高中班级管理的现状分析

第一节　高中班级管理的特点和难点

高中生具有自我意识，性格独特、兴趣爱好多样化，所以在班级管理中我们需要多倾听学生的声音，了解他们的特点和需求。由于青春期的影响，学生情感需求复杂多变，班级管理需要关注学生身心发展，尊重学生感受，营造良好的班级氛围。因学生对自己的需要和利益更加明确，行为更加自主，班级管理便需要更具灵活性和创新性。针对学生在学科知识上存在明显的盲点，班级管理需要实现师生互动，及时解决学生的学习疑难。学生的情感需求需要多方面的关注。班级管理需要合理分配资源，营造更好的班级环境，为学生提供更好的情感支持。

高中班级管理的难点在于高中生的思想观念正在形成，管理者需要对学生的学习表现和质量进行评价，避免主观臆断学生的心理和价值感受。如何正确积极引导学生，培养学生良好的价值观和人生观？如何与学生有效沟通？管理者需要处理学生的个性差异，不断完善学生品德和素质教育，树立正确的文化价值观与学生有效沟通，了解学生的需求和问题，制定合理的管理方案。如何恰当地处理学生之间的矛盾和冲突，平衡冲突方的合理管理工作？如何适应多元文化融合？如何平衡高中生来自不同的地域、家庭、文化诉求和班集体的整体利益？如何提高学生的自觉性、责任心和背景？管理者如何从多元文化角度出发，促进不同文化之间的融合和交流？

以下是在班主任的正确引导下，高中生成长的案例。

洗漱完从宿舍出来时，看着不远处零落的枝丫，暗黄的天空，毫无预兆地想到了她——我最铁的朋友。古有伯牙钟子期，今有我和她。因为家住得近，读的同一所学校，玩到一起似乎是理所当然的事。于是我们一起上下学，一起在路上愁眉苦脸地吐槽，一起被小吃摊的香气勾得直回头，一起在学校内捡起花往对方头上扔，又在放学后在巷子里乱窜，翻过废弃的残墙，穿过人家拆完屋子许久后荒废的沙地，然后才恋恋不舍地踏着自行车回家，草丛深处还有我们一起埋下的字条，操场上曾经有我们一起训练的身影，发黄的纸上记录我们的事。桩桩件件都是我们之间无法磨灭的美好。她和我一样，喜欢蔚蓝的海，喜欢稀奇古怪的事，从家庭到兴趣，我们都太过相似。不同的是她性格大大咧咧，像风一般洒脱不羁；而我却容易钻牛角尖，固执又敏感。忽然想起初中，当时的我焦虑暴躁，盯着成绩估算着还有几分可以让我顺利升上高中。于是我整晚整晚失眠，一躺下闭上眼睛，便是惨淡的成绩。她敏锐地发现了什么，却没有给我口头上的安慰，而是给我发助眠的药、分享给我看沉静的浅海，告诉我夹杂着健康养生的小常识。得友如此，何其有幸。我们爱好一致，追求相似。我们彼此追逐、支持。我们信赖彼此、了解彼此，知晓对方的一举一动代表什么，明白未说完的话里又有着什么含义，等等。我的青春，她从不曾缺席，从懵懂幼童，到豆蔻少女，再到蹒跚老人，我始终是你最坚实的后盾，做你最好的朋友。我们十年如一日，永不褪色的友谊！

周三，我上了一节"特别"的地理课。那天下午上地理课，地理老师走进教室，我优哉游哉地从柜斗中拿出地理课本，随便翻开一页，然后用手扶着头，和往常一样闭着眼睛睡觉，不知老师讲到了哪里，只听见同学们哄堂大笑，我还是不愿意睁开双眼看老师一眼。我隐隐约约听到地理老师说什么"我对不起他们，更加对不起他们的父母"，我以为是有什么大事发生了，急忙睁开双眼向旁边同桌询问发生了什么。原来是班上有两位同学地理周清①不认真

---

① 即通过自查自纠落实查漏补缺，每周清除学习中的疑难问题。

对待，而地理老师觉得很惭愧，觉得没有把他们教好。地理老师接着讲："你们不要因为我而讨厌地理这个学科，你们不要放弃对地理学科的学习……"地理老师讲的这番话使我低头沉思。是啊，他刚来班上教我们的时候，第一、二节课我还算认真，但到后来上课的时候，看见有同学睡觉老师都没有管他们，我也就跟着他们一样一起睡。久而久之，便养成了习惯，开始不写地理作业，上地理课睡觉，上课和别的同学一起聊天，放松对自己的要求。在这期间，因为我们地理成绩次次倒数，地理科代表也曾批评过我们，我曾有几次下定决心要把地理成绩补回来，但由于之前欠下的债实在是太多太多，上课听不明白，作业题不会写，老师不重视，久而久之，我也就不想学了。直到今天，地理老师在课堂上讲的那番话将我震醒。这是地理老师的心里话。

这周刚考完第一次联盟考试，对答案，我发现自己错了很多不应该错的题目，有的本来是在考试过程中写对的，但后来又改错的题目，觉得这次考试我会考得非常差。考试结束后的几天我的心情都不太好，我认为我自己所付出的努力与所考出来的成绩不成正比，我对自己感到非常失望，我认为自己不是读书的料。回想起前面的日子，我成天拿着书本认真研读，我每天早上五点半左右就起床，有时候甚至连早餐都不吃就跑到教室学习，几乎每天我都是第一个来到教室学习。中午休息我也会留下来继续学习，和同学探讨课堂上没有听懂的知识。晚上结束晚修后我也没有离开教室，我继续留在教室里学习当天的课程，根本不敢松懈一点点。考试结束对答案后我的心情非常低落，课堂上我的注意力无法集中，我总是无法提起精神做事。在同学们的建议下，晚修结束后我来到操场上散步，微微的秋风拂过我的脸颊，我感觉时不时会有一股浓浓的草香飘入我的鼻翼，感觉十分放松。

几天后，我发现我的紧张情绪逐渐缓解，对于学习我也提起了兴趣，等到成绩出来后，与上学期的排名对比，我进步了二十名左右，没有想象中的那么差。通过这件事我认识到一味地焦虑会影响自己的心情，只要我是真真正正付出过努力就无憾了，付出过努力，有进步是必然的。生活中很多事情也如此，顺其自然即可，在长期的紧张状态下生活也未必是好事，尝试着换换角度，放松一下自己，事情往往就会变得简单。

开学的那天下午，同学们带着紧张而又期待的心情，提着行李来到校园，准备迎接一个全新的高二班级。当天晚上我们班级就开展了"开学第一课"的班会活动。在本次班会中，令我印象深刻的是学生会主席所讲到的一个问题：我们班同学的集体意识淡薄，集体荣誉感不强。针对这个问题，Steven 又跟我们讲解了"集体"这个词的理解，也让我们全班都认真地思考了这一问题。我也深入思考了"集体"这个词究竟是什么意思。Steven 也用了一种有意思的方法解决了这个问题，那就是直接让感觉到自己犯了错的同学主动站起来认错。Steven 大概给了 10 分钟让同学们轮流站起来主动认错。刚开始，站起来的人比较少，大部分同学还在犹豫到底要不要站起来认错，随后在 Steven 的一番引导下，接连站起来了许多位同学。Steven 认为主动站起来认错是好现象，因此鼓掌给每位敢站起来承认自己犯错误的同学。最后 Steven 再次针对此事详细地讲述了有关如何加强同学们之间的集体意识。我们高二（1）班是一个大集体，班级的团结力和凝聚力需要我们每个人都贡献出一份力量。而我们高二（1）班从最开始的一盘散沙到现在，已经初具先进班集体雏形，到最后我们都要为了共同的目标而去努力，这就是"集体意识"的重要性，正是因为"集体"，才让我们拧成一股绳。而我自己对"集体"这个概念的理解就是一个好的集体比一个人孤军奋战要好得多，而我们高二（1）班这个庞大集体的成功不能单单靠我们的班干部，而是需要我们班每一个人的努力。好的集体会带动个人往更好的方向发展，朝着一个方向前进，会让这个集体越来越好，同时也会让自己越来越好。

原本平静的外语课，改成了团建活动。彩虹跑道上，烈阳映照下同学们在跑道上奔跑，十六七岁风华正茂的同学们，散发出青春的光辉，无忧无虑的脸庞洋溢着青春的笑容，让我不禁想起《光辉岁月》中的歌词："原谅我这一生不羁放纵爱自由，哪会怕有一天会跌倒……"同学们开始做起了游戏，Steven 讲解游戏规则，每个小组便各自围成了一个小圈训练，旁边的体育生也在听从老师的安排进行训练。随着时间流逝，比赛开始进行，每一位同学都积极参与此活动，有的小组成绩靠前，有的小组成绩却不乐观。最精彩的重头戏还在后头：一组同学对成绩不够满意申请再来一次，惊讶的是从原先倒数第一名挤进了前三名；第四组成员也相继挑战，速度与音量可以说非常棒，出人意料的是他们创下了最高纪录——名列前茅。听到这一成绩的我们欢呼了起来，同学们纷纷直呼"好牛"。最后的最后，轮到我们全班同学进行挑战，一开始由于同学们方向的不统一，以及成绩被阻挠时间在 10 秒以上，于是 Steven 便提出惩罚：最后一次倘若还不到 10 秒以内，便全班深蹲 100 个，我们听到后纷纷哀叫，这激将法便用得很到位，以 9 秒 18 的成绩赢得成功。

期待已久的龙文化节来了，我们也迎来了期待已久的第 43 届校运会。曾经是体育生的我自然不能缺席，我报名参加男子 400 米比赛。2022 年 11 月 11 日，终于迎来了我的比赛日。经过激烈的比拼，我获得了一枚铜牌。

通过以上学生成长案例，可以看出学生的情感需求需要多方面关注，班级管理需要合理分配资源，创造更好的班级环境，为学生提供更好的情感支持。高中生的思想观念正在形成，管理者需要积极引导学生，培养良好的世界观、价值观和人生观。

鉴于学生自主意识的不断增强，在日常的班级管理中有意识地培养学生的抗挫能力，我通过和学生共同阅读余华的《活着》，让学生明白苦难对一个人成长的重要性，以下是我与学生共读余华《活着》的读后感。

苦难后的澄明、沉重中的幸福——存在主义视角下《活着》之生命意识探究

余华说，《活着》就是写人对苦难的承受力，对世界的乐观态度。换句话说，活着本身就是以乐观的态度承受人生所有的苦难。幸福是痛苦的消失或减少，或者相反，痛苦是为幸福、无痛的生活做准备。没有苦难就没有完整的生活，幸福不是苦难的对立面，它们总是会一起显现。没有一个历史时刻我们可以在没有痛苦的情况下识别幸福。苦难使我们更深入地了解自己。痛苦和快乐不是对立的。痛苦是每一种快乐所固有的。逃避痛苦会导致堕落。避免痛苦不仅阻止了幸福的强化，而且恰恰相反，它加剧了痛苦。逃避经验、真诚、表达感情和更多的社会参与，往往源于对伤害和痛苦的恐惧。人类害怕受苦，害怕自己的诚实被剥削，从而退出社会，实际上也是逃避现实，在自己与他人之间建立屏障，甚至常常通过向往无法实现的理想幸福来增加现实痛苦，而不是体验真实的现实。我们对幸福、无痛苦生活的想象感知与实际现实之间的距离增加了痛苦。本文从存在主义视角解析余华的《活着》，关注主人公"福贵"的人物关系及其人生轨迹，探讨主人公"福贵"在经历万般苦难后依然乐观面对生活的精神，进一步理解余华小说思想观念的一个视角。

一、幸福与苦难：生存境遇的孤绝与幸运

苏格拉底认为，尽管快乐在我们的生活中占有重要地位，但真正的快乐并不取决于好运或快乐的感觉，而是来自有德行的生活，体现为诚实和开放的能力。苏格拉底认为，只要一个人有德行，他的生活是否背负着艰辛和困难都没有关系，因为德行不受外界环境的影响，所以只要一个人有德行，他就会快乐。因此，对于苏格拉底来说，幸福不能被简化为一种感觉，因为幸福是一个人的整个生活（或不幸福），而快乐是偶发的，一个人时不时地感觉到的东西，今天在这里，明天就消失了。一个人不可能这一刻开心，下一秒不开心，因为幸福是通过一套原则来生活的能力，这些原则有助于使一个人成为一个人。同样，苏格拉底反对幸福可以被简化为达到传统成功标准的结果的观点，因为这种标准是由野心而不是性格驱动的。这意味着幸福不是成就的结果，而是成为

自我意识的结果。换句话说，苏格拉底看到了幸福。尼采将幸福和痛苦称为孪生兄弟。它们一起出现，都是生活必需品和活动的产物。对痛苦的恐惧就是对生命本身的恐惧。幸福是生活的必要条件，尽管它涉及不幸、困难、疑虑，甚至是灾难。先验地，对更大幸福的渴望，伴随着对减少痛苦的渴望，不可能成为现实。面对危险表明人从对上帝、安慰和确定性的需要中被解放出来。对尼采来说，快乐的能力体现了渴望完整生活的能力，正如维特根斯坦所说，快乐意味着与世界和谐相处。对痛苦的恐惧是不愿顺从生活本身，而强加于它的限制实际上是对于能动性、真实性、创造力、爱、社区生活等各种涉及幸福和幸福行为的阻碍。苦难与生活本身交织在一起。激烈的生活事件被体验为幸福和痛苦的协同作用。

海德格尔曾经说过："唯有当存在的领会在，存在者作为存在者才可以是可通达的。"通读《活着》需要非常大的勇气，而主人公福贵要面对生活更加需要勇气。就像被诅咒了一样。人的离开是自然规律，但让人无法接受的是白发人送黑发人，最后他只能一个人生活。余华在文中写道：在老牛完成耕作之前，在一个人完成他应尽的责任和义务之前，上帝不会让他的生命结束。不管它想活还是想离开，它都必须活下去，因为这就是命运。余华先生最擅长形容寒冷中的残忍。他用一种缓慢而冷静的方式打破了读者唯一的幻想，让人隐隐不悦，同时也让人感受到命运带来的残酷。余华说，《活着》就是写人对苦难的承受力，对世界的乐观态度。换句话说，活着本身，就是以乐观的态度承受人生所有的苦难。生活一次次将福贵推向绝望的境地和痛苦的深渊，而他始终抱着生的"希望"和"欲望"活了下来，最终老年福贵和老牛"福贵"相依为命地活着。因此种种，福贵是幸福的。

二、幸福与苦难：心灵深处的勇敢和坚韧

萨特认为人是"共在"性的，即"一个在其存在中包含着他人的存在的

35

存在"。个体的人在与他人的关系中确证自己，人注定生活于他人的眼光之中。福贵一个接一个失去了身边的亲人，最终只剩下一头老牛和自己相依为命，在我们看来，福贵的一生跟"老黑奴"一样，是苦难的一生；但是，余华在不同版本的自序中多次写到其实福贵是幸福的，他说福贵幸福的根源："人是为了活着本身而活着，而不是为了活着之外的任何事物而活着。"从《活着》可以看出，福贵迎娶家珍是他这一生做得最对的事情，也是最幸运的事情，家珍时时刻刻影响着福贵。家珍在生下有庆之后，便回到福贵身边共同面对生活的困苦，给福贵带来活着的动力。在家珍的影响下，福贵越来越豁达，越能够从容面对生活中的苦难。文中有一个情节让人至今难忘，家珍在地里干农活，忽然听到有人叫她的名字，叫儿子的名字，之后家珍抬头张望，看到了福贵，起初没有认出他，当福贵走近后，两人幸福地拥抱在一起，家珍将泪水洒在福贵肩膀上，只说一句：回来就好。人活着，爱人活着，便是晴天。福贵的母亲常常在安慰福贵时说："只要人活得高兴，就不怕穷。"被抓壮丁后，逃了七次却还被拉了回来的壮丁老全也时常对福贵说："老子死也要活着。只要想着自己不死，就死不了……"后来，面对龙二被枪毙一事，福贵告诫自己："这下可要好好活了。"儿子因给难产的县长老婆献血过度死去时，知道县长是曾经一起经历过枪林弹雨的春生，福贵说："春生，你欠了我一条命，你下辈子再还给我吧。"就连那头待宰的老牛，被福贵买下后通人性的它知道自己不会死了，立刻站起来，不掉泪了……这些都使我们从苦难和困境中感受到那种强烈的向生的力量，正是作者赋予活着的人身上的这种力量，让我们更加深刻地去理解"人为什么而活着"这个问题。

没有一条道路可以建立在尘世生活的目标之上，这将引导我们走向幸福或为生活带来意义。一个人无法过上幸福的生活，也不应该在外在的世俗成功中寻求幸福。承认世俗的财富和快乐不能给灵魂带来幸福和满足。他探索世界，当智慧没有给他带来快乐时，他沉迷于成功和快乐、男奴女奴、金银、财产和奢侈品。正如他所说，他没有剥夺自己的任何东西。渴望的眼睛：我没有拒绝自己眼睛渴望的东西；我拒绝了我的内心没有快乐。我的心为我所有的劳作而高兴，这就是对我所有劳苦的回报；然而，当我审视我的双手所做的一切，以及我辛勤努力的成果时，一切都变得毫无意义，是一种追风；在日光之下，一无所获。

三、幸福与苦难：不同悲惨的同源价值

如果你是一个善于观察、善于思考并善于总结的人，会发现在我们的生活中，其实也有很多像福贵一样过着苦难生活的人，但他们仍然积极乐观地活着，因为，活着就是幸福的。

苏格拉底哲学建议我们找到内在的幸福，尼采也建议内省。然而，如前所述，他将发现内在幸福和痛苦之间的联系，视为人生旅途中必不可少的一环。根据尼采的说法，充满幸福和意义的生活与"自我超越"一词有关，没有痛苦就没有自我超越。在克服的过程中，体验到发现的巨大喜悦，但同时也伴随着痛苦。

今天很残酷，明天更残酷，后天却很精彩，但是很多人都倒在明天的晚上。人们希望自己能够过得精彩，希望用微笑面对明天，然而所有的生命均会经受命运的锤炼，最后发现生命的绚烂。《活着》在一定程度上赋予了挣扎在生存困境中的人们以尊严，启示着不同境况中的一代代读者去追寻属于自己的"生命的意义"。

综上所述，主体教育哲学与学生的主体性、身体健康和学习成绩关系密切，班级管理需要重视和尊重学生的主体地位，尊重学生的自我决定和自我实现的能力，为学生的德智体美劳全面发展提供支持和保障。教师在班级管理中应注重学生的主体性，不仅要注重学生的身体健康和学习成绩，更要关注学生的价值观念、个性发展和意志力培养，为学生的全面发展提供支持和保护。

第二节 高中班级管理的现状分析

高中班级管理的现状可能存在以下问题：一是缺乏师生互动，许多学校在班级管理中忽视了师生间互动，导致初中生逐渐成为高中生后，带有青春期的情感波动和自我意识的增长，与教师关系不和谐，学生容易受挫和萎靡，加上部分教师可能应对不当，导致师生关系的冲突和紧张，影响了互动和沟通。二是学生缺乏自主权，许多学校在班级管理中忽视了学生的学习和成长。三是学生自主意识低下，由于高中班级管理过于严格，学生低头学习、被动接受，导致学生的自主意识不够强烈，缺乏探究、创新和实践。

班级管理是班主任根据一定的目的要求，采取一定的策略与措施，引领全班学生对班级中的各种资源进行计划、组织、协调、控制，以实现教育目标的组织活动过程。

据此，明确几个关键点：其一，目的要求，解决培养什么人的问题。习近平总书记在全国教育大会上强调"培养德智体美劳全面发展的社会主义建设者和接班人"，这是班级管理的总体目标，是班主任工作的方向引领，也是中心工作任务。其二，策略措施，解决怎样培养人的问题。班主任工作是一项专业性很强的工作，既是一门科学，也是一门艺术。班主任在工作中要努力做到教育内容、专业技能和组织载体的"三位一体"。其三，全班学生，解决为谁培养人的问题。班级连接着学校与家庭、社会，关乎千家万户的切身利益和中华民族的前途命运，责任重大，班主任要有为党育人、为国育才的责任担当和教育情怀。

本节依据教育部制定的班级管理，就班集体建设和综合素质评价进行专业解说和案例示范，以期提升班主任专业能力的针对性和实效性。

一、班集体建设

（一）能力解读

1.何谓班集体

班集体是以教学班为单位，按集体主义原则组建起来的学生群体，是班级群体发展的高级形式。

据此，班集体建设的基本要素包括以下几方面：其一，班集体依托班级而存在。其二，班集体是一个以学生亚文化为特征的社会群体。其三，班集体是一个以集体主义价值为导向的社会心理共同体。其四，班集体建设是一个组建、形成、发展、成熟的动态过程。

班集体的育人功能表现为：其一，目标导向功能。班集体目标确定依据与标准是国家社会总目标和学校总的要求。目标引导班集体前进，成为发展的动力和团结进步的基础。其二，影响筛选功能。班集体建设通过社会思想、舆论、活动等对来自社会的各种影响进行筛选，取其有利因素，抵制不良影响。其三，整合力量功能。班集体建设需要整合各种教育力量，使教育学生的资源和力量达到最大化。其四，融合机制功能。班集体建设有自身机制，运用机制促进集体成员的学习工作生活能力的发展，促进学生的身心健康人格得以发展完善。

因此，在学校教育中，良好的班集体对学生健康成长是非常重要的，班集体建设是班主任的中心工作。

2.班集体建设要求

教育部制定的班级管理指出，班集体建设的核心能力是思想教育、日常管理、环境建设、班风建设，并对核心能力水平从低到高进行了描述。

（1）思想教育

核心能力要求：紧紧围绕培养德智体美劳全面发展的社会主义建设者和接

班人总体目标，将社会主义核心价值观渗透到课堂教学、班级活动、社会实践中；以优秀的道德品质教育学生，做学生健康成长的指导者和引路人；用合适的方法防止或有效纠正学生的不良行为。

核心能力水平描述：我说你听，方法引导，言传身教，潜移默化。

（2）日常管理

核心能力要求：了解班级日常管理的内容和特点，对班级管理有整体规划，有建设目标；能及时发现班级日常管理中存在的问题，采取恰当的管理方式，促进学生养成良好的习惯；能有效指导班委会和团、队学生工作，注重培养学生自主、自律意识和团队协作能力，帮助和引导学生自主管理，确保班级的教育教学秩序。

核心能力水平描述：严格看管，经验管理，规则约束，自主管理。

（3）环境建设

核心能力要求：了解班级环境建设的内涵和主要内容，掌握环境建设的途径和方法；建设班级环境，培育班级特色；能积极发挥科任教师、学生、家长等在班级环境建设中的重要作用。

核心能力水平描述：简单随意，应对检查；规范、整洁、实用；师生共建，整洁美观；特色鲜明，环境育人。

（4）班风建设

核心能力要求：明确班风是班集体的灵魂，注重发挥班风在增强集体凝聚力、约束力和创造力方面的重要作用。对班风建设有整体规划，能做好班情分析，确定班集体的奋斗目标，并通过恰当的方式方法培育班风；注重言传身教，善于和班级其他教师合作，通过良好的班级舆论巩固和发展良好的班风。

核心能力水平描述：严格纪律要求，把握正确的班级舆论，寓教于集体活动，关注学生的发展需要。

（二）教育现场

1.思想教育

（1）案例呈现

创建全国文明城市对学校教育的要求是"培育和践行社会主义核心价值观进教材、进课堂、进头脑"。对此，学生议论纷纷。有学生认为这是形式主义；有学生认为这是政治课内容，只要会考试就可以；有学生认为创建全国文明城市更多的是搞好城市卫生，不需要知道社会主义核心价值观。

请问：作为班主任，您会怎样处理这类问题？

（2）解决思路

第一步：调查了解，教育准备。

调查了解学生对社会主义核心价值观的认知与践行的现状，查找问题症结，了解材料中学生议论纷纷的原因。

了解学生年龄段，知晓其身心发展特点。中小学学生身心发展特点是有阶段性的，小学、初中、高中、中职等思想教育重点与难点各有所差异，社会主义核心价值教育等要求不同、目标不同、教育形式不同。

以问题为导引，学生参与教育准备活动。通过多种途径和形式，使学生了解社会主义核心价值观的内容和要求，观察与了解身边社会主义核心价值观践行的现状，针对创文明城市与社会主义核心价值观践行的关系开展深入访谈等活动。

第二步：凝练主题，确定目标。

思想教育需要主题鲜明，价值观正确，意义积极。旗帜鲜明地进行社会核心价值观教育，做到进教材、进课堂、进头脑。围绕内容与形式凝练主题。分别从国家、社会、个人层面凝练主题，价值目标、价值取向、价值准则及价值观引领学生成长与发展。形式方面，就怎样践行确定行动主题，促进学生健康成长。

社会主义核心价值观教育目标，围绕学生思想品德发展的知情意行展开，内化于心，外化于行。

第三步：确定原则，选择策略。

社会主义核心价值观教育原则性强，班主任需要主动积极开展教育活动。核心价值观教育有助于学生三观形成，有助于学生健康全面发展。社会主义核心价值观教育原则：围绕培养社会主义建设者和接班人的总目标；面向全体学生，集体教育，班集体建设导向与任务相一致；遵循与学生身心发展规律相适应；教育形式灵活丰富，重在指引学生知与行；与社会家庭学校教育相一致，特别是家校一致。

教育策略选择：其一，制定学生学习宣传社会主义核心价值观的相关措施。班级板报、标语等，使学生知其义。其二，渗透到日常教学与学生日常活动中，比如渗透到班级活动、日常管理、营造班风学风等班集体建设中，落实社会主义核心价值观，促进班集体意识形成等。其三，旗帜鲜明的主题班会课（系列班会课），运用丰富多样的主题班会，引导学生认识理解社会主义核心价值观的内涵、意义、价值，指导学生的思想修养、学习生活、工作等。其四，运用社会实践课程加强社会主义核心价值观教育，比如参观访问、研学、劳动活动以及心理体验团辅活动等。其五，发挥家校协同教育、社校教育功能，拓展社会主义核心价值观教育资源与途径。

班主任思想教育工作原则强，策略方法路径是可以灵活多样的，提升班主任思想教育能力是专业化得到实现的基本要求。

2. 品德发展评价

（1）案例呈现

班里的小李是个让人头疼的学生，无心向学，成绩差，还经常违反纪律。他每周总要迟到几次，有时甚至不跟班主任请假直接就在宿舍睡觉不上课。每次小李违纪时，班主任都会对其进行批评教育，但收效甚微。于是，班主任在其期末评语中写道："该生能基本遵守大部分校规校纪，但不时迟到，违反课堂和作息纪律，望能加强自律意识，把学习放在首位，争取更大的进步。"

请您以班主任的身份，对此评语作出评价并提出合理性建议。

（2）案例解读

材料所呈现的问题涉及学生的思想品德发展评价。期末操行评定属于阶段性的过程评价，其重点是如实记录学生的典型表现，只作笼统性评价，如"基本遵守校规校纪"等是许多班主任的常规，但千人一面的范式评语难以反映学生的个性，也不具有对实际问题的针对性；此外，仅"听其言、观其行"，就对学生的品德简单地进行质性评价，甚至不问情由地直接批评教育，也是无法满足"以评促发"的综合素质评价核心要求的。

对学生进行评价应该对学生有全方位的了解，特别是对学生品德表现欠佳的背后原因进行深入了解。在掌握足量事实的基础上，挑选典型事件进行描述，让学生心悦诚服；同时，应该注重评价主体的多元化，可以引入同学、家长及科任教师、生活教师等进行综合评价。让评价形成期望、动力，促进学生良好品德的形成。

（3）解决思路

一是指出材料中班主任评价的不合理之处：按照发展性评价理论，评价不仅仅是为了对当前学生行为的好坏作出判断，更重要的目的在于促进学生可持续发展能力的提升，让学生通过评价认识自己和了解自己，更好地规划未来的发展。据此，提出品德评价的目标是通过评价促使学生良好品德的形成，否定简单的、范式的定性评价。

二是建议班主任调查、了解学生表面行为背后的原因，可以通过家长、同学、其他教师等多方面收集信息。如果属于身体原因，须如实记录到学生的身体健康档案中，并建议家长将其带到专业医院进行检查、治疗；如果属于心理原因，则需要联合心理辅导教师等共同介入；如果属于个人意志和习惯原因，则根据学生的年龄特点，由浅入深地制定出不同层次的目标要求，有计划地促使其品德行为得到锻炼，进而形成正确的观念和习惯。

三是充分挖掘学生品德的闪光点，通过增加关注和加强沟通，及时肯定学生的小进步；对过程中的反复则给予学生足够的耐心和宽容。

四是对学生行为产生的不同原因和改变进行如实记录，并设计评价卡，除学生进行个人自评外，还可以邀请家长、同学和其他教师共同填写，材料完成后装入学生个人成长档案袋。

（4）实施个案

上述案例中的学生品德发展可以作如下综合评价：

你高高的个头给人以充满阳光、活力四射的感觉，在校运会上你良好的风貌和出色的表现，特别是在跳高与跳远项目上为班级取得了三甲的好成绩，班级的同学都以你为荣！然而在学习上，你的表现却不如在体育上那么出彩。你本来是个头脑灵活的学生，却没有把聪明用在功课上面，老师和同学都深感遗憾。自习课上表现不尽如人意，常做与学习无关之事，同学有一定意见。不时地迟到和独自在宿舍睡觉不上课，让老师经常为你担心，宿舍同学也有些不满。值得庆幸的是，你最近不断用行动来证明自己改正的决心，迟到次数已经由原来平均每周两次，变成平均两周一次，自习课还主动要求坐到讲台，既维持纪律，又接受同学监督。老师和同学都希望下学期你能让大家眼前一亮，我们和你父母都一样期待着你的成长和进步！

3. 学业发展评价

（1）案例呈现

小 A 是一名高二在校学生，成绩一直在班级处于中上水平。随着高三学期的逐渐临近，小 A 感觉压力越来越大，课堂学习积极性相比以往明显下降，作业完成也渐感吃力，成绩开始出现明显下滑。父母对其成绩不满意，希望他将来能考进一所名校，毕业考公务员；但小 A 却希望像表姐一样到意大利米兰学习艺术。为此，双方频发冲突，让小 A 深感疲惫。

请您以班主任的身份，从学业评价的角度提出帮扶小 A 的策略。

（2）案例解读

小 A 作为一名学习成绩中上水平的学生，具备一般中上游学生的学习特征，即学业成绩的取得主要归因于自己的努力。因此，一旦出现已经很努力可成绩还是不尽如人意的情况，便会承受很大的压力，让他很担心自己让父母老师失望、同学笑话；而到外国就读艺术专业，可以回避国内高考带来的压力；但他忽视了到外国留学也需要面对考试和学业压力，而且对个人的适应能力和自理能力是一个极大的考验。在没有充分准备的情况下与父母沟通，必然难以得到家人的支持。

另外，小 A 父母对他的学习成绩要求还是比较高的。面对成绩下滑，往往会认为他学习积极性不高、专注力不足、不够自觉认真引发的，一味地提出考取名牌大学的目标，也足见父母和孩子之间缺乏足够的沟通。在临近高三的关键时刻，没能给孩子强有力的支持，很容易让本来就学习压力比较大的高中生压力更大。

班主任进行学业发展评价，必须关注学生的兴趣特长。根据加德纳的多元智力理论，每一个学生的智力都各具特点，并有自己独特的表现形式，有自己的学习类型和学习方法。因此，学校没有所谓"差生"的存在，只有各具智力特点、智力表现形式、学习类型、学习方法和发展方向的可造就人才。小 A 是否应到外国就读艺术专业，主要取决于其本人的艺术专业水平和发展潜能。

（3）解决思路

①确定小 A 目前存在的需要帮扶的问题：第一，对升学存在焦虑情绪；第二，与父母在生涯抉择问题上产生了分歧；第三，对自己未来的发展规划比较盲目；第四，由于学习目标模糊而导致的学习积极性不高。

②通过谈话和心理疏导，缓解小 A 的焦虑情绪，鼓励其说出内心的真实想法，以及通过成就动机理论等手段，了解其艺术专业素养。

③对小 A 进行多元智能评估，了解其智力特点和学习潜能，并通过访谈家人、同学、专业教师和社会相关人士等，进行综合分析。

④帮助小 A 澄清自己想去国外学习的真正原因，正面看待自己的生涯抉择，引导小 A 积极与父母沟通。

⑤在积极沟通的基础上，帮助小 A 确定合理的学习期望，理性地制定自己的生涯发展路径，确立学习方向和目标。

⑥联合科任老师，帮助小 A 调整学习方式，更好地掌握学习节奏，提升其学习的自信心，并引导其合理地设置学习目标，减少对即将到来的高三学习产生的焦虑和恐惧。

（4）实施个案

帮助小 A 建立学业发展评价档案袋。

首先，与学生共同商议，确定档案袋项目。如个人基本情况，主要包括姓名、性别、籍贯、出生年月、班级、兴趣爱好、性格理想、目标专业等，配有个人照片、封面、目录等内容；课堂的精彩瞬间，主要展示在校学习的闪光时刻，如课堂发言、成绩进步、获得的奖项，来自老师、同学、伙伴的鼓励和肯定等；我的成长足迹，除记录取得成绩和存在的不足外，还可以加入社会实践内容，主要体现学生的课外专长（例如手抄报、书法作品、美术作品、读书过程、体育竞赛、文艺演出、手工制作、公益活动等）；综合评价，基于对各类素材的对比、分析，采取学生自评以及家长、老师和同学互评的方式，多层面、多角度地对学生进行客观、具体的评价，评价可以是中肯的、鼓励的，也可以是委婉的批评、建议等。

其次，对学生如何完成项目以及如何选择内容放入档案袋中作出对应的指导，并对学生项目的完成情况及时进行检查。

再次，班主任通过组织讨论、展示等形式的活动，将学生的项目完成情况呈现给同学、科任教师和家长，然后由相关评价主体根据评价标准进行评价。

最后，有条件的话，可以利用"班级优化大师软件"等电子系统对学生在校的各方面表现及时予以点评，并鼓励家长定时通过软件查阅学生在校全方位的表现，及时与老师沟通，以更好地实现家校共育的目的。

4.社会实践评价

（1）案例呈现

某初中学校准备组织一次"重走长征路"的社会实践活动，班主任通知学生，并召开班委会布置各项准备工作。这时有几个同学找到班主任问这次活动回来要不要写感想、心得之类，如果要写，他们就不去了。

请您以班主任的身份，对这几个同学进行社会实践评价。

（2）案例解读

初中学生比较叛逆，再加上缺乏自控力和集体意识，因此，在很大程度上影响了初中班主任各种工作的开展，特别是非强制性的社会实践活动。因为这类活动注重的是学生的主观能动性，并没有外在的考试检测压力，学生如果内心抗拒，活动就很难产生实效。

过程性评价理论认为，生活、生长和经验改造是循序渐进的积极的发展过程，教育目的就存在于这种过程之中，生长的目的是获得更多更好的生长，教育的目的就是获得更多更好的教育。因此，社会实践评价的最重要作用是透过参与的过程培养学生的社会参与意识，提高他们的社会责任感，而不能简单地任由学生选择是否参加，或笼统地将不想参加的学生以终结性评定的方式记录为"缺乏社会责任感"。

作为班主任，要加强引导，注重培养学生的自主实践能力，要想方设法拓展活动的意义，丰富活动的形式，做到既要让学生保持高涨的参与热情，又要懂得适时放手，让学生自己在活动中体验和感悟；同时，也要关注学生在参与社会实践时的心理状态和表现出的集体荣誉感，特别是参与的态度、感受以及在活动中产生的交流合作、文明规范等。

（3）解决思路

首先，找这几位学生了解清楚他们的真实想法，看学生是因为想轻松地玩，觉得写感想、心得是一个负担，还是因为活动内容本身让他们觉得没有意义。我们可以通过谈话记录、周记等形式，把学生的真实想法记入社会实践评价档案袋。

其次，可以以这个实践活动为主题开一次班会，让学生畅所欲言。班会课上可以邀请家长、专业人士等与学生一同探讨活动的意义、设计活动的具体环节和流程等，让学生真正成为实践活动的主体。可以针对班会的具体内容设计积分记录卡，记录学生的表现，由教师评价、家长评价、学生互评等方式产生评价结果，综述后记入学生社会实践评价。

最后，班主任可以改变传统的社会实践结果呈现方式，不以感想、心得形式呈现，而是以项目活动设计方案、活动宣传标语拟订、活动形象大使评选等方式呈现，看哪位学生最"亮眼"。通过一次社会实践的关联活动，锻炼学生解决实际问题的能力，并对学生的表现和对活动想法的改变等做好记录，装入档案袋，形成过程性评价。

（4）实施个案

"'读写研行'学'四史'，'进馆有益'促成长"社会实践活动方案。

实施目标：根据《上海市初中学生综合素质评价实施办法》与《上海市初中学生社会实践管理工作实施办法》文件精神，为落实上海市委、市政府制定的《上海市教育改革和发展中长期规划纲要》中"突出实践体验，完善德育实践体系"的要求，使教育与社会实践相结合，结合"四史教育"，充分发挥社会资源的实践育人功能，助力初中学生走进社会大课堂开展实践活动。

实施流程：为使此次活动收到预期效果，活动分为三个阶段进行：

活动准备阶段（6—7月）：其一，学校层面。成立项目工作小组，制定项目总体方案、安全预案，召开联席会议，结合暑期工作，积极宣传活动方案；学生发展部、课程教学部联合开设各类社会实践考察项目研究讲座，指导学生如何走进场馆进行社会实践，辅导学生如何开展与之相关的微课题研究。其二，学生层面。组建小组，分配组员任务，进行场馆选择，制定小组社会实践方案；在班主任的指导下，同学们对课题的确立、方案的制定、资料的搜集、实地调查，以及访谈探究、汇总结果、形成报告等有了系统的了解，形成了初步计划。

活动实施阶段（7—8月、10月国庆假期）：这个阶段分为线上小组和线下小组两条线进行活动。其一，线上小组。负责制订实践探究计划，学习、研读各类"四史"资料，运用网络进行各类资料搜集、查找、整合。其二，线下小组。负责联系场馆、进入场馆进行社会实践活动，完成活动"电子小报"、研究结题报告和"研究（探究）型课程学习学生手册（电子稿）"。

总结、成果展示阶段（10—11月）：年级组长将"研究（探究）型学习学生手册"和年级组课题汇总表收齐，交至课程教学部处；11月中旬校班会课上，进行社会实践项目成果汇报展示；11月下旬，策划、举行"'知四史·明责任·汇青春'"四史"学习教育党、团、队联合活动，并将优秀社会实践项目进行展示。

成果展示：各班以主题班会形式，聚焦主题进行"进馆有益"社会实践成果汇报展示。成果形式可以是课题研究、问题探究、主题报告、专题演讲等，班主任进行点评，并为有兴趣的同学指出今后继续探索考察的方向。

5. 艺术素养评价

（1）案例呈现

某高中班主任正在布置综合素质测评填写的相关事宜。当讲解到艺术素养的填写时，有同学就开始在底下窃窃私语：美术和音乐不就是"娱乐课"吗？

平时上课都是看电影，为什么要填那么认真？写不写都无所谓。写实记录不就是写感受吗？那多好写，让我唱首歌还有点儿困难，但是写感受，编呗，在网上搜下，再自己改动下，让写多少字就写多少字。

请您以班主任的身份，谈谈您会如何引导学生正确对待艺术素养的自我评价。

（2）解决思路

从材料中学生的话语可知，这些同学对艺术素养测评有一种敷衍、造假的态度。之所以会出现这种态度，主观原因是这些同学意识不到写实记录本身就是一个自我反思、发现自我的重要手段，对于提升自我独立发展意识和能力具有长远的意义；正是由于学生对于艺术活动写实记录的内涵、原则、功能、意义等认识不清，导致很多学生在评价实践中出现应付、造假的问题。客观上讲，普通高中繁重的文化课学业负担与高考压力，使得艺术类的美育课程长期得不到重视；加之评价实践中对学生终结性的艺术素养评价较多，对学生艺术活动过程中的艺术表现评价较少。以终结性的考试、量化的分数或者等级来评价学生的作品、表演和展示性成果，以学生在艺术竞赛中获得的等级证书或者荣誉证书为依据来评价学生，最终造成评价结果重甄别、选拔，轻发展，学生自我评价意识淡薄，以及依赖教师评价等问题普遍存在。

综合素质评价提倡发展性学生评价理念和鉴赏性评价理念，强调的是质性评价与量化评价综合使用、评价主体多元化、评价结果呈现方式与使用方式多样化。更提倡发挥评价的促进与激励功能，使学生在艺术活动中能发现、感受到生活中的点滴美、平凡美，并逐步培养学生欣赏美、创造美的意识和能力；同时，让学生在各类艺术活动中培养兴趣爱好，并促使学生形成某一方面的艺术专长。

自我评价在发展学生自我意识方面的作用，已为心理学界和教育理论界所公认。学生在艺术活动参与过程中学会如何正确地评价自己的表现，不仅有助于学生艺术能力的提高，而且对他们的艺术个性发展和适应生活的能力的培养、用艺术的观点评判性地看待所从事的工作和活动，有着极为深远的意义。为此，班主任应该采取以下策略引导学生：

一是认真解读国家相关文件政策，帮助学生正确把握艺术素养评价精神，重视艺术素养评价对自身成长的重要促进作用。

二是召开由美术老师、科任老师、学生、家长共同参与的主题班会，让学生和家长了解前沿的艺术素养评价理念、艺术素养在其他学科学习中的体现，让学生了解如何在科学进行自我评价的同时，自觉将艺术素养培养融入日常的文化课学习中。

三是设计自我评价卡或量表，帮助学生澄清相关评价指标，把质性评价与定量评价有机地结合起来。

四是引导学生整理自己参加过的艺术活动，在班级范围内进行展示交流，学生通过分享个人的体验和收获，达到相互启发的目的；同时设计互评卡，以同学互评形式推动个人自评的撰写。

6. 身心健康评价

（1）案例呈现

小 A，男，14 岁，八年级学生，性格外向倔强，思维敏捷开阔，喜欢玩电脑，学习成绩一般。其父亲因病不能坚持工作，长期在家休养；母亲在某医院工作，常上夜班，无时间关照孩子。小 A 纪律散漫，经常迟到、早退、旷课，无视他人的好言相劝，我行我素。常以抵触情绪对待班主任的批评教育，用不礼貌的语言故意顶撞、激怒班主任，班主任越生气，他就越高兴。高一下学期时小 A 因旷课节数过多且无悔改之意，被学校记大过处分一次。他认为这是班主任有意整他，于是怀恨在心，扬言要打班主任。

请您以班主任的身份，谈谈您会如何对小 A 进行身心健康评价。

（2）解决思路

班主任对学生进行身心健康评价的核心思想是积极心理学，它强调每个人的积极力量，即人的生命系统既有潜在的自我内在冲突，也有潜在的自我完善能力。它要求我们以积极的心态来对待自己或他人的心理现象，包括心理问题。小 A 是一个逆反心理很强的学生，形成这种心理有主观和客观两方面的原因。

主观原因在于小 A 看问题片面和偏激。青少年在认知发展过程中，思维的独立性和批判性虽有一定的发展，但还很不成熟，往往不能用辩证的眼光看问题，认知偏差较大。因此看问题容易片面和偏激，喜欢钻牛角尖，固执己见，行为极端。他把班主任看成是"管"他、"限制"他的人，把班主任的谆谆教导当成"婆婆妈妈"，把严格管理看成"束缚"。因而怀着强烈的抵触心理和敌对情绪，把自己放在班主任的对立面，继而产生很强的逆反心理。

客观原因在于教师和家庭。一方面，班主任对小 A 缺乏耐心，说教多于疏导，惩罚多于宽容，看缺点多而不注意发掘其闪光点，在一定程度上伤害了小 A 的自尊心。事实上，对学生过多地指责、埋怨、强迫、命令，等于在师生的心灵之间挖鸿沟，只能增加师生之间不理解和不信任的程度，从而降低教育的效果。从某种意义上说，小 A 的逆反心理是对教师某些不切实际的教育方法的一种反叛惩罚。另一方面，小 A 的母亲忙于工作，养家糊口，因精力有限而无暇顾及他。父亲长年生病，而一般长期病人都容易出现心境不佳导致的脾气暴躁。这就导致小 A 在家中缺乏父母的关怀与疼爱，因此不愿待在家。放学后常常泡在电子游戏室玩，很晚才回家，亲子关系疏远。因此，评价小 A 应该从如下角度方面着手：

一是提高小 A 的自我评价水平。常与小 A 谈心，跟他一起全面分析本身的优缺点，要求他从主观上不断加强自我修养，努力提高自我认识、自我体验和自我控制的能力，逐步学会全面、客观、辩证地看待自己身上出现的问题。

二是通过心理辅导活动，引导小 A 学会运用"角色转换"和"心理移位"，尝试站在老师和家长的角度，理解他们的心，原谅他们的错误，从而减少逆反心理。

三是加强家校联系，一同理解、尊重小 A，真心爱护他。关心小 A 的日常生活与学习，对小 A 因玩电子游戏机而旷课的现象不责怪打骂，而是耐心地晓之以理，并尊重他的知识，让他分享，与他一同学习电脑。把小 A 的点滴改变通过活动记录卡的方式予以记录，通过访谈家长，以发展访谈卡方式记录家庭的改变。

四是挖掘小 A 身上的闪光点，激发他的上进心，变消极心态为积极心态。利用小 A 擅长玩电脑的特点，在班上成立"计算机兴趣小组"，由小 A 担任组长。班上的一些活动计划、总结、统计表等均由小 A 组织同学打印，班主任的总结、论文也请他帮助打印。让小 A 在"角色心理"的作用下，以班干部的标准要求自己，转变其以往的消极心态为积极心态。

五是宽容小 A 的"反复"。小 A 的进步并不是一帆风顺的，有时，他经不住电子游戏机的诱惑，又出现迟到、旷课的现象。每当这时，不应是"揪辫子""揭伤疤"，而是抓住他的"反复"，进行耐心的启发、教育，促使他继续进步。通过班主任、心理教师、同学、家长等共同填写观察评价表的方式，记录小 A 的变化，并存入其成长档案袋，期末综评则注重描述改变过程的典型事件。

7. 劳动素养评价

（1）案例呈现

学校组织"学农"活动，同学们正在烈日下进行分组劳动。你在巡视过程中却远远瞥见班里的几个女生围坐在一处树荫下，拿着锄头、戴着草帽，进行各种摆拍。看到你走来，她们赶忙装出锄草的样子，还忙不迭地向你诉苦：

"太晒了，为什么出发前没带一瓶防晒指数更高的防晒霜。"晚上，其中某位女生的家长还向你打电话，说孩子反映太热了，身体不适，想让家长提前接她回家；但担心拿不到"学农"的学分，会影响毕业。

请您以班主任的身份，回复家长的要求。

（2）解决思路

这是一个通过综合素质评价引导学生树立正确劳动观念的问题。在全体同学都能正常劳动，且这几位女生的劳动地点处于树荫的前提下，她们的表现说明她们对自己的定位有偏差。她们对自己承担的劳动任务没有准确的价值研判，认为其完成与否于己、于大局并无影响，进而反映出其对学校此次组织的劳动教育没有一个清醒的认识，劳动的态度和观念出现了偏差。

随着我国经济的飞速发展，城市和农村的物质生活水平大幅提高，部分家庭在为孩子提供良好的物质条件的同时，忽略了家庭劳动教育的重要性，有的甚至是缺失的，致使个别孩子养成了贪图享乐的习惯，没有劳动光荣、劳动崇高、劳动伟大、劳动美丽的正确观念。加之可能是班主任平时在职业生涯规划、职业道德、劳动精神、劳动素养等方面的教育做得不太深入，学生在校内并没有受到足够的影响和熏陶。但从家长的来电内容可以判断，学生对本次活动评价与毕业结果之间的关系具有一定的认识，有机会通过评价引导学生树立正确的劳动观。因此，应与家长沟通如下内容：

第一，向家长了解孩子对此次"学农"活动的真实想法、平时在家的劳动表现，以及目前的身体状况，通过校内校外的情况综合研判孩子的心理和身体状态。

第二，陈述事实，清晰地解释综合素质评价的重要意义，并告诉家长学生的行为会引起什么后果，争取家长的支持。

第三，邀请家长亲自前来"学农"基地或通过视频直播形式，参与本次劳动的过程性评价，以电子档案形式向家长发放劳动素养多方评价卡，并鼓励家长填写鼓励性评语，助力学生完成劳动任务。

第四，可以抓住女生在意美丽的心态，在班级中举办"最美肤色""最美劳动能手""最具汗水闪光时刻""最佳劳动成果"等评选活动，邀请家长作为评委，评选结果计入学生的成长档案袋。

第五，为提高劳动教育效果，可以根据平行教育理论，针对个别或者部分学生的行为，采用以下集体教育的方法。

课程育人：在主题班会中，加强职业道德、劳动精神、职业生涯规划的教育，把劳动素养、劳动技术技能的培养获得与个人的前途发展联系在一起。

实践育人：在以后的劳动实践中，引导学生在参与过程中多和专业老师、职场人士交流，让职场人现身说法，真实案例教育更容易深入人心，还可以引入以上各方作为劳动素养评价的评价主体。

文化育人：通过组织学生观看视频、参观红色旅游景点和各种劳动场所，加强艰苦奋斗、吃苦耐劳的传统教育。学生的参观心得和体会也可以作为劳动素养的评价材料。

二、综合素质评价要求

高中班级管理需要改进的几个方面：一是学生管理方面，高中生个体差异大，有的学生比较活泼，有的学生比较内向，针对不同的学生需要采取不同的管理方式，比如强化正向激励、鼓励自我探索等。此外，管理者需要加强课堂纪律管理，规范学生的行为举止，维护课堂秩序。二是教师管理方面，高中教师是班级管理不可或缺的一部分。提高教师的教育教学水平、激励教师积极性、完善考核体系，可以提高班级管理水平。三是制度建设方面，建立完善的班级制度将对班级管理有很大作用。例如进行班级守则制定、增加班级荣誉感、加强学生群体意识建设等。四是家长参与方面，家长是学生成长过程中最重要的监护人，与学校紧密协作、加强家校沟通可以更好地完成班级管理工作。总的来说，高中班级管理需要采取多方面的措施，通过学生管理、教师管理、制度建设、家长参与等方面综合提高班级管理水平，以进一步促进学生的全面发展和健康成长。

因此，高中班级管理的改进需要借助于综合素质评价。综合素质评价是班主任基于学生成长发展事实，对学生品德发展、学业发展、社会实践、艺术素养、身心健康、劳动素养等表现的综合评价，客观反映学生德智体美劳全面发展的情况。

2020 年 10 月，中共中央、国务院印发了《深化新时代教育评价改革总体方案》。这是指导深化新时代教育评价改革的纲领性文件，其对班级管理指导的意义在于以下几点：其一，落实立德树人根本任务。要着眼于全面贯彻党的教育方针，牢记为党育人、为国育才使命，培养德智体美劳全面发展的社会主义建设者和接班人，把落实立德树人根本任务作为主线，贯穿班级管理各项工作始终。其二，改革学生评价。要破、立结合，"破"的是以分数给学生贴标签的不科学做法，"立"的是德智体美劳全面发展的育人要求，相应提出树立科学成才观念、完善德育评价、强化体育评价、改进美育评价、加强劳动教育评价。

由此可见，综合素质评价是班级落实立德树人根本任务的重要手段。通过班主任的综合素质评价，促进学生认识自我、规划人生、激发潜能、主动发展、走出教室、走向社会，在社团活动中培养兴趣，在社会实践中经受锻炼，以增强自身的社会责任感、公益和奉献精神、创新精神与实践能力等。

对学生进行综合素质评价应遵循的基本原则：其一，方向性原则。引导学生践行社会主义核心价值观。其二，指导性原则。把握学生的个性特点，关注成长过程，激发每一个学生的优势潜能，鼓励学生不断进步。其三，客观性原则。如实记录学生成长过程中的突出表现，真实反映学生的发展状况，以事实为依据进行评价。

教育部制定的《中小学教师培训课程指导标准（班级管理）》指出，综合素质评价的核心能力是品德发展评价、学业发展评价、社会实践评价、艺术素养评价、身心健康评价、劳动素养评价，并对核心能力水平从低到高进行了描述。

（1）品德发展评价

核心能力要求：能认识到学生品德发展评价的目的在于促进和发展学生的优良品德，利用评价结果不断改进教育工作；能通过对学生的日常表现进行观察、诊断和指导，发现和赏识每位学生的进步；能引导学生进行积极的自我评价，灵活使用多元评价方式，多视角、全过程、恰当地评价和指导学生品德发展。

核心能力水平描述：注重品德发展的外在表现；多种方式，促进发展；循序渐进，多元评价；立德树人，全面发展。

（2）学业发展评价

核心能力要求：能树立正确的学业发展评价观，明确学业发展评价与核心素养培养的关系，通过评价，培养学生终身发展和应对未来挑战所需要的学习能力；了解学生学业发展评价的主要内容，关注学生兴趣特长发展，重视学生发现问题、提出问题、解决问题的能力，以及实践探究能力和综合表现能力的发展与指导；掌握学业发展评价的方法，对学生学业发展进行针对性、综合性和发展性评价，引导学生学会学习。

核心能力水平描述：关注学业成绩，关注学习态度，注重学习习惯，引导自主学习。

（3）社会实践评价

核心能力要求：理解社会实践评价对增强学生社会责任感、提高学生社会实践能力、促进学生社会性发展的导向作用；熟悉社会实践评价的主要内容，引导学生积极培养社会参与意识、社会实践能力和社会服务责任感；能采用多元评价方式，有效运用档案袋进行过程性评价，与表现性评价相结合，对学生的综合素养进行评价。

核心能力水平描述：按规定要求评价，围绕显性成果评价，关注学生的成长变化，关注过程全面评价。

（4）艺术素养评价

核心能力要求：能通过艺术素养评价促进学生在艺术领域学习、体验、表达等方面的综合表现，提高学生的艺术素养；了解学生艺术素养评价的主要内容，根据学生差异进行观察和分析；掌握学生艺术素养过程性评价的方式、方法。

核心能力水平描述：关注艺术课程学习水平，关注学习水平和艺术实践，关注艺术感知力和欣赏力，关注个性发展。

（5）身心健康评价

核心能力要求：理解身心发展评价对学生全面发展的重要意义，认识到用积极心理学思想对学生身心发展进行评价的积极作用；了解身心发展评价的指标，掌握身心发展评价的基本方法，能利用学生成长档案，促进学生的积极发展；关注学生的身心健康发展，重视学生近视防控工作，运用多种方式、方法进行诊断和评价；用积极心理学的主要观点与思想，促进自身并帮助学生体验积极情绪，培养学生的积极品质和健全人格。

核心能力水平描述：随机评价，在学生评语中渗透；凭借经验，进行整体性评价；根据学生特点运用多种方法进行评价；建立系统、有效的评价机制。

（6）劳动素养评价

核心能力要求：理解劳动素养评价的目的是提高学生的劳动素养，促进学生形成良好的劳动习惯和积极的劳动态度，为学生的终身发展和人生幸福奠定基础；能结合学生的日常学习和生活进行观察、诊断和指导，使学生树立劳动光荣、劳动崇高、劳动伟大、劳动美丽等正确观念；能运用恰当的评价方法，多维度、全过程地对学生的劳动素养进行综合评价。

核心能力水平描述：奖勤罚懒，完成劳动任务；家校沟通，关注态度；培养学生的劳动情感，评价方式多样；发挥综合育人功能，评价科学有效。

三、工作困惑

综合素质评价在基础教育阶段实施后，可以说在一定程度上推动了立德树人教育目标的实现。但是班主任作为该制度的主要实践主体，在具体的实施过程中却产生了一些困惑。

一是综合素质评价的六大项目都指向以评价促进学生的个性化发展，但目前多项评价都是按照学校统一的模板进行操作，尽管学校模板为班主任的填写留出了一定的空间，但实际上仍很难在填写时间有限的情况下避免"千人一面"的局面。如何在个性化综述与固定化的评价流程之间找到完美的契合点是工作中一大困惑。

二是综合素质评价应该以过程性评价为主，以等级和分数呈现的终结性评价只是服务于高一级学校的选拔；但是在目前应试教育趋势没有得到根本扭转的情况下，后者的重要性显然要高于前者。在"一切为了学生的升学服务"的大背景下，班主任很难避免过度量化使用综合素质评价的排序与比较，从而忽视了使用学生档案袋、观察体验卡、积分评价卡等针对性的评价方式。如何才能回归综合素质评价的核心评价方式是工作中另一大困惑。

三是综合素质评价实现了多元化的评价主体，然而也带来了如何统一多元主体评价意见的难题。当对同一对象的评价产生分歧时，其最终协调和统一的任务必然落到班主任头上。如何从各方的不同意见中发现一个真实的个体，极大地考验着班主任的识人之智。

四是综合素质评价在初中和高中阶段实现了与升学挂钩，但其地位属于"参考"而非"依据"，这也在一定程度上造成了"非底线"模式的填写，即不能有触及影响升学底线的事件（如处分、校园欺凌等）被记入，以致绝大多数学生呈现的综评都是各类获奖与特长的集合。那么，如何合理地记录学生的缺点改善过程，使其在综评结果使用单位看来更像是一个真实的"人"是工作中又一大困惑。

总之，综合素质评价的完善与使用，既有赖于上级教育主管部门进一步完善相关的制度和规定，也非常需要每一位班主任在实践中不断予以探索和完善。

第三节　现有的高中班级管理模式存在的问题和管理方案

许多高中班级管理模式都是以传统的教育管理模式为基础，采用一刀切的管理方式，忽视了学生的个性化需求和差异化发展，影响了学生的发展。许多高中班级管理模式忽视了学生的参与感和主体性，班级管理缺乏学生参与和管理。在这种情况下，班级管理变成了教师针对学生的单向指导，学生容易产生疏离感和抵触情绪。部分高中班级管理模式强调的是考试成绩、升学率等结果指标，忽视了学生的全面素质发展，对学生的个性和潜能的发掘和提升缺乏重视。很多高中班级管理模式缺乏创新性，一成不变，在规定范围内变化，不能挖掘学生的创造性，也不能激发学生的学习热情和兴趣。许多高中班级管理模式在数据收集、分析、反馈等方面缺乏系统化、科学化的管理手段，容易产生部分数据失真的情况，管理效果得不到充分体现。针对这些问题和挑战，学校应该根据现实情况，制定相应的班级管理模式，适应学生个性化发展和学习习惯的特点，提高学生参与度，注重激发和发掘学生的潜能，形成科学系统的班级管理模式，提高管理的针对性和有效性。

制定相应的班级管理模式，适应学生个性化发展和学习习惯的特点，提高学生参与度，注重激发和发掘学生的潜能，形成科学系统的班级管理模式，提高管理的针对性和有效性。以下是可以借鉴的学习班级管理方案和宿舍管理方案。

一、学生学习过程和德行量化考核方案

（一）指导思想

为进一步贯彻党的教育方针，落实我校"塑龙马精神，育龙的传人"的办学理念及"崇贤尚能，龙腾天下"的校训，凝聚家、校教育合力，使学生学习过程和德行量化具体化、规范化、制度化，强化学生管理，从而培养学生优良的品德和良好的行为习惯和学习习惯，实现高中阶段的教育教学目标。现根据我校学生实际情况，特制定《龙江中学学生学习过程和德行量化考核方案》。

（二）考核评定原则

客观性原则：实事求是地反映学生的思想品德和行为习惯的实际情况，减少主观因素的影响，力求做到客观、公正、合理。

科学性原则：要用科学的全面发展的观点分析学生的思想行为，总结学生的教育发展规律，防止片面性。

教育性原则：评定等级要有正确的导向，要肯定优点和进步，指出缺点和努力的方向，鼓励上进。

（三）考核评定要求

① 根据《中学生守则》《中学生日常行为规范》《龙江中学学生管理制度》

有关规定进行综合考核，操作依据是德育、教务、总务各处的检查、十项风纪检查、生活区检查反馈和在校的各种表现情况，按照《考核评定细则》进行量化。

②实行学生量化管理，贯彻全员育人的思想，各负其责，全员育人。对任课教师和德育处、教务处、总务处、生活区、保安室、后勤等部门都赋予一定的教育、考核、管理和及时反馈考核情况的责任，实行各负其责，全方位考核，从而落实全员育人。

③班主任是学生行为规范考核的操作核心，操作时既要坚持原则，又要有一定的灵活性。目的是有利于班级的管理，有利于学生良好行为习惯的形成。

④班主任每周将班级学生量化情况在班级公布，每月一结，月初将班级学生量化评分表报德育处，每学期期末按月平均分给予等次后交德育处存档。

⑤密切联系家长，充分发挥家庭教育的作用，《龙江中学学生成长记录册》每月由学生带回，让家长过目。

（四）考核评定方法及奖惩

①学生量化考核每个月的基础分为 80 分，在此基础上实施加减分（上不超过 100 分，但下不保底），每月阶段性评价一次。按月考核，一学期平均成绩即为该生本学期考核总成绩，总成绩随通知书告知家长。

②等级分优秀、良好、及格、不及格四类。80 分及以上为优秀，70—79 分为良好，60—69 分为及格，59 分及以下为不及格。考核结果记入毕业档案。

③每月阶段性评价考核分累计两次不及格者，学期考核成绩不能评为优秀，学期评价为优秀的学生有资格评选该学期的三好学生、优秀学生干部、优秀团员，每学期考核均为优秀的学生才有资格评选省、市、区级三好学生和优秀干部。

④一学期内，阶段性评价考核分第一次在40—60分者，由年级办班教育，写出深刻认识，并联系家长配合教育；阶段性评价考核分连续两次在40—60分者，由年级办班教育后，家长带回配合教育，写好保证书，给予警告处分；阶段性评价考核分低于40分者，由年级办班教育后，通知家长带回配合教育，写好保证书，并给予记过处分。对屡教不改者，处分逐步升级。（警告—记过—记大过—留校察看—劝退—勒令退学）

⑤学生学期考核成绩，学生由入学到毕业如果累积三学期不及格者，给予该生缓发毕业证或只发肄业证的处理。

⑥处分一律如实记录于学生个人档案中，作为综合素质评价重要参考依据，但因有处分影响其综合素质评价进而影响高考录取，一切后果由受处分学生自行承担。高三毕业前处分未全部撤销的，将按处分登记确定缓发毕业证或只发肄业证。缓发毕业证的学生一年后可提交年内汇报材料（须加盖大学或工作单位或居委会公章），向学校申请发放毕业证。

⑦受处分学生不得参评各类奖项；取消入团、评优等资格；受处分的学生干部可根据处分轻重撤职或留职察看。

⑧受处分学生经教育确有悔改表现，一年后可向德育处提出解除或降格处分的申请，在处分期间定期向德育处交思想汇报。

⑨解除处分程序：学生本人提出申请，班主任加意见，科任教师全部通过，德育处批准。

⑩以下考核评定细则1—49项违纪情况，如对学校声誉造成严重影响或对班级、他人造成严重危害的，学校视情节轻重给予批评教育、警告、记过、停课反省、留校察看、劝退、勒令退学等处理。

（五）考核评定细则

1. 加分项

① 见义勇为、拾金不昧、助人为乐、伸张正义等有突出表现的好人好事，阶段性评价酌情加 3—10 分。

② 参加校内或节假日活动表现突出，阶段性评价加 3—5 分。

A. 每周广播站投稿，入选《校园焦点站》栏目的作者个人加 3 分，入选《国旗下讲话》栏目的作者个人加 5 分。

B. 周日敬老院恒常服务，参加一次，在个人月评价中加 5 分。

C. 参加节假日其他志愿服务、节目演出等，在个人月评价中加 5 分。

③ 当月被评为文明宿舍，阶段性评价舍长加 5 分、舍员加 3 分；当月获得流动红旗，阶段性评价加 3—5 分。

④ 每次月考后，小组内综合评分排名第一、二名，每人加 5 分；排名第三、四、五名，每人加 2 分。

⑤ 协助教师开展教育教学工作，担任学生会干部、团委会干部、干事、班团干部、科代表、舍长等，工作积极、认真负责，成绩突出，学期总评加 1—5 分。

⑥ 在期末考试中，高考科目单科学习成绩班级第一至第三名、第四至第六名、第七至第十名，学期总评分别加 4、3、2 分；期末考试中，高考科目学习成绩总分进步明显的十位同学，按进步的幅度第一至第三名、第四至第六名、第七至第十名，学期总评分别加 4、3、2 分。（期中考试参照以上方法，在当月阶段性评价中加分）

⑦ 积极参加各类竞赛活动者，学期总评加 2 分，如获得名次，另加 1—5 分。

A. 参加校内各种大型活动获第一名个人项目加 3 分、集体项目每人加 2 分；获第二名个人项目加 2 分、集体项目每人加 1 分；获第三至第八名个人项目加 1 分、集体项目每人加 1 分。

B. 参加镇区级各种活动获第一名个人项目加 4 分、集体项目每人加 3 分；获第二名个人项目加 3 分、集体项目每人加 2 分；获第三至第八名个人项目加 2 分、集体项目每人加 1 分。

C. 市省级各种活动，获第一名个人项目加 5 分、集体项目每人加 4 分；获第二名个人项目加 4 分、集体项目每人加 3 分；获第三至第八名个人项目加 3 分、集体项目每人加 2 分。

2. 扣分项

考核评定扣分表

序号	违纪情况	扣　分
1	谈恋爱，男女交往过密，发展不正常男女关系，校园内外各种场所行为不检点	20 分（如有专项处理，则不扣量化分）
2	因违法犯罪（敲诈、勒索、盗窃及参与黄、赌、毒活动等）公安机关退回学校处理的	
3	严重违反校规，在社会上对学校声誉造成严重危害	
4	利用互联网侮辱他人或者捏造事实诽谤他人，或发表侮辱、中伤、恐吓他人的言论	
5	参加或建立不良帮派组织。参与赌博、喝酒、抽烟、打架，偷师生财物	
6	驾驶机动车，或不遵守交通规则的	
7	考试舞弊，或协助他人舞弊，平时弄虚作假，冒充签名	
8	在校园或生活区使用手机，上课玩手机、游戏等，将小灵通、手机等移动通信工具带进校园或生活区。学生私自使用电教设备，如听音乐、玩实物展台、利用电教设备电源口充电等。（参照手机管理制度进行处理）	
9	爬围墙出入学校，攀爬建筑物，坐或站在走廊栏杆等危险建筑物地带	

序号	违纪情况	扣 分
10	纪律散漫，习惯差，屡教屡犯，不听从教师安排，不虚心接受教育，对教师恶意顶撞，忤逆师长，辱骂教职工	10 分
11	将头发染成异色，或发型怪异，留长发，经指出不能及时整改	
12	进入不允许学生涉足场所玩耍（游戏厅、舞厅、酒吧、网吧等）	
13	故意损坏公物，故意乱扔垃圾造成环境脏乱	
14	擅自离校外出游荡，离家出走	
15	捡到学生饭卡，不上交且恶意消费	
16	携带违禁、危险物品进校园或生活区	
17	传阅不健康读物和音像资料	
18	与社会闲杂人员交往，将社会不良青年带进校园	
19	攀爬树木，偷摘学校花果	5 分
20	到教学楼、电教楼无人监管的楼顶玩耍，或践踏草坪	
21	不服从值日生检查，或对值日生不敬	
22	上课玩耍、讲话影响教师上课	
23	随意串楼层、班级，到其他班级惹是生非	
24	中午就餐和休息时间在校园闲逛或打球	
25	旷课一节（含早读课、辅导课及晚修）	
26	不按规定办理请假手续	
27	买外卖或将饭盒带到校园和生活区，影响保安工作	

序号	违纪情况	扣　　分
28	休息时间故意干扰他人休息	
29	在饭堂买饭菜时插队，拿饭菜到课室或宿舍吃，不按照指定位置放餐具。浪费粮食，污染环境卫生	
30	晚上未按时关灯，不按时回家或回宿舍，在校内外闲逛	
31	不按时完成教师布置的作业，或抄袭作业	
32	在教学区、办公楼、宿舍追逐、大声喧哗、起哄，干扰他人学习、工作、休息。或在各楼层进行体育活动，如跳绳、打球、踢毽子等。在宿舍或课室玩扑克、游戏机等	
33	升旗礼不按要求出场、退场，无故缺席，队伍不整齐，站姿不端正，不行注目礼，闲聊	
34	提前放学离校，在放学铃声响起之前，在校门口等待放学	
35	参加各类集会或广播校会，不严肃，不认真，交头接耳，看书或做作业	3分
36	同学之间不团结，不礼让，讲脏话，起绰号，不经允许动用他人物品，偷看他人信件和日记	
37	迟到、早退。上课趴桌，打瞌睡，或做与课堂无关的事	
38	在校内穿拖鞋，不按规定穿校服、拉拉链、戴校卡、戴校徽	
39	头发不合格，佩戴首饰，涂指甲油	
40	不按要求锁车，不按要求停放、摆放单车	
41	值日生清洁迟到、缺席，或不按要求清洁，或利用早读晚修时间倒垃圾	
42	无故不参加课间操、眼保健操，不按要求出操与退场，闲聊，列队不整齐，做操不认真，动作不到位	
43	内宿生违反生活区纪律（指一般的违纪）	

67

序号	违纪情况	扣　分
44	午休时间违反午休纪律（指一般的违纪）	
45	上课预备铃响后，不立即进入教室，不宁静，不做好课前准备	
46	上室外课（如音乐、体育、电脑、实验等）不以班为单位先行集合整队，在走廊闲聊	
47	上课时拉紧窗帘，关紧后门并上栓。（除使用多媒体、防阳光直射和防寒外）	3分
48	不认真订正作业	
49	不及时整理课桌和讲义，桌面、课桌、书柜、书架里面杂乱不齐	

二、文明宿舍和学霸宿舍评比方案

为了规范和完善我校学生宿舍管理制度，提高宿舍管理水平，增强学生的自律意识、文明意识和学习意识，创造环境整洁、氛围文明、行为有序的住宿环境，特制定"文明宿舍"和"学霸宿舍"评比方案。

（一）文明宿舍评选

全校各年级分男女生宿舍按照 20% 的比例评比出"文明宿舍"。根据检查、值班老师、楼层长反馈等得分情况由高到低进行排序。

文明宿舍每月进行评选，其中各年级男女生第一名被评为"文明宿舍"之"模范宿舍"并进行展示。

所有获评宿舍将会在宿舍门口挂"文明宿舍"锦旗，同时可获得学校颁奖和奖品（奖品在合理条件下可以和学校协商），获评宿舍全体舍员可每人在个人量化加 1 分。获评宿舍舍长为"优秀舍长"，可获得一张饭票在饭堂免费就餐一次，个人量化加 2 分。

班级可在班级风纪考核按照本班所获评宿舍加分，每宿舍 1 分。

（二）学霸宿舍评选

学霸宿舍评选分数：宿舍上本科人数 ×（1+ 宿舍上重本人数）×2+ 宿舍总分 / 所考试科目数 + 该阶段宿舍总得分 / 周数 + 值班老师和楼层长记录在宿舍学习人数 ×1

学霸宿舍按照各年级大考进行评选，每次大考结束后结合成绩评选出 20% 的学霸宿舍。

所有获评宿舍将会在宿舍门口挂"学霸宿舍"锦旗，同时可获得学校颁奖和奖品（奖品在合理条件下可以和学校协商），获评宿舍全体舍员可每人在个人量化加 1 分。获评宿舍舍长为"学霸舍长"，可获得一张饭票在饭堂免费就餐一次，个人量化加 2 分。

获评宿舍舍长组织舍员总结本宿舍优秀事迹，由学校进行集中展示。

班级可在班级风纪考核按照本班所获评宿舍加分，每宿舍 1 分。

（三）宿舍纪律卫生得分说明

每个宿舍每周总得分以 100 分为满分，该周内没扣分则得分直接记为 100 分，有扣分以扣完之后的得分计算，所有扣分由舍务反馈、值班教师反馈、楼层长反馈三部分构成。

宿舍内如果出现重大违纪，则取消任何评选资格。

（四）班主任考核方案加分

班级有宿舍获评文明宿舍，则每次每宿舍在班主任考核中加 1 分，混合宿舍则按照人数占比进行折算。

（五）宿舍评分细则

全体住宿的同学须共同遵守我校住宿管理制度，创造一个舒适的住宿环境，以便更好地学习和生活，特制定以下评分细则，希望同学们遵守。

1. 作息

① 按照学校制定的"生活区讯号铃"所定的时间而作息。不依时睡觉者（如随意走动，打闹，讲话，午睡早起离开宿舍而影响别人等）扣 1 分。大声喧哗者双倍扣分。

② 晚上作息时，要按床位表入住，不准私调床位，不准打着手电筒看书，违者扣 1 分。

③ 作息时间不得使用手机，违者当场没收并移交政教处处理，扣 2 分。

④ 起床铃声响后不按时起床仍睡懒觉的，扣 2 分。

2. 内务

① 蚊帐、被按要求折叠、摆放。鞋按要求放到指定地方，如不按要求摆放而造成检查时扣错分的，不给予更正。漱口杯、牙刷、水桶、日用品摆放要整齐。床上除必需品（被、枕头）外，其他物品一律不能摆放，也不能在床上悬挂衣物。违反者每人每项扣 1 分。

② 检查发现有值日生不关水龙头、不关灯、不关风扇的，每次每项扣 1 分。

3. 清洁

① 清洁包括宿舍及公共区。每天早、午、晚须轮值清洁，不依时清洁或清洁不干净，轮值同学各扣 1 分；没清洁或清洁完还是较脏的扣 1 分。

② 每逢周四定期大清洁一次，清洁对象包括门、窗、天花板、墙砖、卫生间、杂物架等。清洁不干净每人扣 1 分，早退和不参与清洁的每人扣 1 分。

如果有需要，舍务老师可以要求其重新清洁。

③从楼上抛投杂物下楼（如丢垃圾等）扣2分，负责楼下场地清洁一星期，并调离本宿舍住宿一周，重犯可给予停宿或退宿处分。

④为保持清洁，不得带饭、面等到宿舍吃，一经发现扣2分。午休时间在宿舍吃东西的，每次扣1分。

⑤卫生间须每天用盐酸清洁一次，如在宿舍或走廊闻到异味的，全体舍员扣1分，值日生扣1分。

⑥值日生清洁和倒垃圾时间统一安排在中午12：40之前，超过规定时间倒垃圾按迟到处理。

4.其他方面

①不办理请假手续缺宿（包括午睡和晚睡），于第二天仍不补办假条者，向家长了解情况补，再扣2分。（请假条必须有清楚的房号、姓名、日期，并经班主任批准。一张请假条只能一人使用）

②不得携带刀具、利器、用电器具（电吹风、电热炉、充电器）、易燃易爆物品（蚊香、蜡烛、烟、酒、打火机）等进入宿舍，违者没收并扣3分。

③不服从管理员、舍长劝告，顶撞或谩骂管理员、舍长的，每次扣3分，严重者做停宿或退宿处理。

④男生到女生宿舍或女生到男生宿舍的，每次扣3分，并交学校政教处处分。

⑤故意破坏宿舍物品的，除赔偿损失外，每次扣1分。

⑥同学之间发生争吵的，各扣3分，舍长扣1分。打架斗殴、偷窃或有赌博行为者，一经查明扣10分做退宿处理，并交学校政教处处分。

5.处理办法

①住宿生被扣分的，将视情节轻重及累计扣分情况分别采取公布批评、通知家长、停宿处理。

②凡被扣分的住宿生均送学校政教处备案，并在所属楼区内公布批评。停宿和退宿的要在社区内公布批评。

③累计扣分达 5 分的，通知家长和班主任。屡教不改、态度恶劣或违纪行为涉及人身安全等违纪行为情节较重的，可采取调宿和停宿处理。

④每学期扣完 10 分或出现重大违纪行为的，应做退宿处理，被勒令退宿的同学取消其参加"三好学生"的评选资格，该班也不能被评为文明班。

6. 奖励办法

①积极协助舍监开展工作、好人好事、拾金不昧等的加 1—2 分。

②每月评定文明宿舍一次，获得流动红旗的宿舍，舍长加 2 分，舍员加 1 分。

第三章

基于主体教育哲学理论的 3Cs 班级管理制度

第一节　3Cs 班级管理中担当意识（C-COMMITMENT）培养：值日（周）班长晋级制度

班级管理中培养学生的担当意识，可以促进学生的发展和提高班级管理质量。一是培养自我管理能力。教育学生如何自我管理，例如定期制订学习计划、管理日程表，这有助于学生自我管理，建立自信心并更好地掌握自己的行动。二是规范课堂行为。教育学生在课堂中履行自己的责任，例如认真听讲、积极参与讨论、遵守课堂纪律等。三是促进合作学习：鼓励学生在团队项目中合作，每个学生都要承担自己的工作角色，提高团队配合的能力。四是组织社会实践活动。组织社会实践活动可以让学生接触真实世界，了解社会的需求，有机会为社会作出贡献。五是给予责任。例如学生会成员、科代表等角色可以帮助学生承担责任，学生有机会发挥自己的能力，提高自我认知和成长能力。

以下是值周值日班长考核量化细则。

一、班级加扣分及秩序建议

①早上 6 : 40（刷牙洗脸），中午 1 : 55，晚上 6 : 25（刷牙洗脸），未到达教室的扣 1 分；若是踩点，也按迟到扣分。

②作业迟交问题：有不配合或者是未按要求的，直接扣 1 分；整组迟交，全组扣 1 分，组长扣 2 分。

③值日班长每天早上 6 : 30 之前或每天晚上 6 : 20 到达教室。

④被学生会扣分的，班级里 3 倍扣分处理。

⑤校卡没带、拉链没拉等平常事件，班委提醒两次后直接扣 1 分。

⑥早练、午练、晚练期间有人大声讲话，扣 1 分处理，情节严重的加倍扣分。

⑦早练、午练、晚练期间若非特殊情况，随意离开座位的提醒一次后，再犯扣 1 分。

⑧不配合、顶撞、辱骂班干部或老师，不尊重他人等行为，按情节轻重做扣分处理。

⑨课间追逐、打闹等危险行为一经发现立刻制止，提醒后再犯扣 1 分。

⑩打架等行为直接扣 2 分处理（若是情节严重，按情节轻重扣分处理）。

⑪周周清期间翻书作弊等行为扣 5 分处理。

⑫毁坏班级文化建设扣 2 分。

⑬早练、午练、晚练不配合的，违反班级秩序的人抄班级秩序及扣分条例（次数由情节轻重决定），若有特殊情况，则由班委会干部及老师商议决定后给予相关处理结果。

⑭女生头发过肩必绑，第二次提醒后扣 2 分（除晚上，住宿生洗澡后头发干后要绑上）。

⑮课堂上守秩序，不要吵闹，尊重老师，该严肃时要严肃，认真听讲，提醒一次后再犯扣 2 分。

⑯实验课要听从值日、值周及班委会干部安排，不服从的扣分。

⑰校园焦点站栏目按每组位置进行，每组派出一人，轮流。

⑱班干部、老师说话时要保持安静，放下手上的工作。

⑲朗读时应大声，提醒一次后扣 1 分。

二、补充

① 跑操口号要整齐大声，杜绝迟到。

② 科代表布置晚练及晚修作业，在下午 6 : 25 之前写在后黑板（科任老师较晚布置作业除外），超时扣 1 分。

③ 清洁请于早上 6 : 35 前完成，倒垃圾在早上 6 : 40 前回到教室，迟完成的扣 2 分，特殊情况除外。

④ 值日班长在值日前一天晚修更换好课程表。

⑤ 三颗扣子扣两颗，拉链要高于校徽（校徽不能倒缝）。

⑥ 值日班长当天做好本职工作，以身作则（早练、午练、晚练，检查仪容仪表卫生、书柜等，眼保健操要检查）。

⑦ 当天值日班长必须清场，关闭门窗、拉好窗帘、关灯、关风扇等（特殊情况做好交接工作），全部清场后方可离开。

⑧ 当天值日班长记好当天加扣分情况，汇总到宣传栏处。

⑨ 当天值日班长在全班外出时配合体委整理队列，记得关窗。

⑩ 当天值日班长于早上 6 : 30 前回到教室，开窗开门，协助清洁，回来后先擦前黑板以及后黑板，负责讲台整洁。

⑪ 当天值日班长检查电脑有没有关好。

⑫ 夏天较热时打开空调十分钟后关门窗及风扇。

⑬ 若需请假，假条由值日、值周班长及班委主席签名方可生效，值日值周注意核实情况。

⑭ 上课铃响后带读 5 分钟后老师仍未到，科代表或学习部长等班干其中一人找老师。

三、卫生方面

① 公共卫生要在早上 6 : 40 前完成（包括洗手在内），未按时完成或未清

洁的一个扣 1 分。

②在卫生方面，做得很认真且清洁的地方很干净的加 1 分。

不认真清洁的且要求重新清洁但仍不干净的扣 1 分。

没有搞卫生的扣 1 分。

帮忙搞清洁卫生的加 1 分。

③周四的大清洁都要回班报到帮忙清洁，多次不搞大清洁扣 2 分。

（有特殊情况的要提前打好报告并说明原因后，周六早晨加入清洁队伍中）

④垃圾倒三次：早上一次，晚上一次，放学一次，如果没超过三分之一则晚上不用倒。

⑤搞卫生的同学要在早上 6 : 30 之前回到教室。

⑥卫生搞得认真的那一天学生加 1 分，由劳动卫生部长每月评定一次。

四、跑操

①喊口号的时候要大声，并且要整齐，否则扣 1 分；提醒后仍不改扣 2 分。

②跑操时要迅速，不能拖拉，违者一人扣 1 分，多次扣 2 分以上。

③出操时要带好跑操阅读资料，带错扣 1 分，多次扣 2 分以上。

④出操时周围同学把窗和电器关好，最后一个同学离开时检查无误后关好门出操，且不能拖拉。

⑤跑操时队伍要整齐，不能讲话，也不能打闹。

⑥阅读时要大声阅读，提醒不改者扣 1 分。

⑦不能随意请假、不跑操，否则扣 1 分。

五、学习部

①黑板上写清楚作业要求和提交时间。

② 科代表在下午 5 : 10 前布置好作业，5 : 10 后写的扣 1 分。

③ 老师没来上课时，先带读，5 分钟后老师仍未来，科代表去找老师。

④ 打上课铃后维持纪律，提醒同学做好课前准备。

⑤ 上课违纪者，科代表提醒。

特别提醒：

① 小组长收作业（保持绝对安静）。

② 及时收作业并将未交作业的名单给科代表。

③ 组内成员德行量化考核分数的平均分。

④ 小组讨论时小组长要以身作则，带动小组成员一起讨论。

六、增加班级风纪及德育量化考核制度说明

① 考试全组成员的总分平均分高于班级的总分平均分，且组内成绩相比于上次（分班时）考试进步的小组，组员每人加 2 分，组长加 4 分。

② 小组指标上线人数达到要求，组员加 2 分，组长加 4 分。超出指标：本科指标超出一人，全组组员在原有基础上加 1 分，组长另加 2 分。本科指标超出两人，全组组员在原有基础上另加 2 分，组长另加 4 分，以此类推。（超一个重本线 = 超三个本科线）

③ 冠军小组：①德育量化考核前三名；②指标达成冠军小组奖励：定制笔记本（电子闹钟），营养品。

④ 当周风纪未扣分组员加 1 分，组长加 2 分；下周又未扣分，组员加 2 分，组长加 4 分，以此类推。同样宿舍管理以此类推。

值日班长 27 条须知：（按一天时间先后顺序工作提醒）

① 值日前一天晚上，先洗好抹布，擦好黑板，改好课程表。（布最好一干一湿）（后黑板也要擦干净）

② 星期一！记得不要迟到！要早点回来值日！（无论哪天都不要迟到）

③请清洁讲台。(物件摆放整齐，布干净放好等，要求讲台干净整洁)
(布要 1—2 条干的)

④下课准时擦黑板。(麻烦擦得干净一些)

⑤提醒，检查仪容仪表。(头发、校卡、裤子、外套、校徽)

⑥早上要 6:30 到教室。(开窗和门，并通风查安保)

⑦早上 6:40 记录考勤。(违纪迟到都要记下名字)(检查仪容仪表，不让值日生来再提醒)

⑧与体委配合管理眼操。(静)

⑨人走(如出操、跑操、上课等)必关门、窗、灯、风扇，窗帘要绑好。(争取最后一个走)

⑩中午、晚上离开教室。(按照第⑨做法)

⑪窗帘、书柜束好或摆好。(与劳动委员协调)

⑫请假批准(值日+值周)签名(核实情况)，报主席核准。

⑬中午 1:55 考勤。(按照第⑦做法)

⑭中午 1:58—2:10 协助语文课代表练书法(中午练字规定：周一、周三、周五语文，周二、周四英语)。(静)(练书法前要注意窗帘和地上是否有东西，并叫他们先练再做其他的事，不可以在练书法的时间做其他的事)

⑮出操升旗带资料、校卡。协助体育委员。

⑯语文阅读协助语文科代表管理纪律并配合语文布置任务。

⑰上课记发言和违纪的人的名单。(记得在值日本子和宣传栏及时更新)

⑱晚上 6:30 考勤。(按照第⑦做法)

⑲早练、晚练、自习请准时在讲台上坐好。(晚上要早点)

⑳适当的时候出来管下纪律。(别害羞，主动积极)(不要只坐在一个地方，不管其他的事)

㉑协助科代表布置作业任务。

㉒ 跑操前提醒带资料、脱校卡。

㉓ 跑操时要协助体委排队，并且管理好纪律。

㉔ 提醒同学做好课前准备，禁止课间追逐打闹等。（违者记名扣分）

㉕ 协助劳动部长管理班级卫生（课间保洁，不能乱丢纸屑、杂物等，提醒清洁），检查书柜有无杂物，除科代表允许暂放作业外，其余同学禁止放杂物。

㉖ 认真填写好值日班长表。（填表要求实事求是，用词文明准确）（扣分要写原因）

㉗ 每日晚修向值周班长和主席汇报当日情况。

特别提醒：

① 值日班长每天记得早练前把辅导桌椅搬到课室门口，晚修后及时搬回班级。

② 夏季期间，早练、晚练前检查同学们有无穿夏季校服。

③ 内宿生一周内因内宿扣分达 3 分，停课半天；一周内因个人导致班级扣 3 分，停课半天。

注：提醒住宿生宿舍内务别扣分。（与各宿舍长强调协调）

相信自己可以做好！优秀值日班长就是你！

第二节　3Cs 班级管理中创新意识（C-CREATIVE）培养：御史台协理制度

班级管理中要特别重视培养学生的创新意识，可以根据学生的具体情况和需求与特点来选择其中的一些方法进行指导和实践，以下是培养学生创新意识的几种方法。一是创新教育。学校可以设置创新教育课程或让学生参加创新比赛，如科技创新大赛、创新设计大赛等。这将鼓励学生探索和尝试新的思路和方法，帮助学生探求自己的潜力，并引导学生学会在实际生活中运用创新技能、技术和方法。二是鼓励创新活动。为学生提供创新平台和资源，例如提供可用的工具、软件、书本以及各种设计素材等，让学生有独立思考的空间，激发他们的灵感，发挥他们的想象力和创造力。学生在这样的环境中，便可以通过观察问题、提出问题、解决问题，发展创新的思维能力。三是个性化教育。班级管理可以帮助学生积极发挥个性和特长，并充分尊重和支持学生在创新方面的兴趣和才能。教师们可以通过提供丰富的学科教育，提供多元化的知识，激发学生兴趣，鼓励他们自我探索与发展；同时，教师可以根据学生个性差异，采用差异化的教育团体，灵活地帮助学生提升其创新思维能力。四是鼓励学生思考。教师可以运用开放性问题或者学生感兴趣的问题，激发他们自主思考、讨论，促使学生自发性地想出解决问题的方法。五是学生交流。安排学生与其他学生分享经验和成果，鼓励学生之间自由交流想法，这会帮助学生避免陷入四建制的思维模式，更好地交流，获得其他同学的帮助和思路。

21 世纪是一个"信息化时代"和"学习化时代"，它对人的素质要求更加全面，更具有个性、创造性及广泛的适应性，这赋予现代教育以全新的意义与价值。它把人的全面发展作为最终目标，要求人不但要生活于现代，而且要能幸福地享受现代文明，要有参与政治、经济、文化、科学、艺术等活动的能力，并且在参与活动的过程中实现自我、发展自我、更新自我、教育自我。教育者的重心，不再仅仅是传授给学生固定的知识，而是更加注重塑造学生完美的人格，使学生学会生存、学会认知、学会做事以及学会共同生活。

教育面对的是人，基础教育面对的是尚未成熟的人。高中生正处在迅速发展、成熟的关键时期，处在人生的一个质的飞跃过程中，他们已经开始和正在开始步入成年。按照心理学家发现的一般规律，中学阶段的学生在生理发育、自我意识等方面的能力也有相当程度的提高。也就是说，在此期间他们的最大特点就是人的自主性明显加强。因此，在高中阶段，无论是知识的传授与掌握，还是道德品质的教化、行为规范等教育活动，都是建立在充分尊重高中生自主性的基础上进行和展开的。高中生正处在人生急剧变化的时期。他们由稚嫩向成熟、由依赖向独立、由盲目向自觉、由被动向主动方向发展。随着年龄的增长，高中生身体的发育进入第二个高峰期，不仅体力大增，活动能力也得到了迅猛发展。在生理发育的基础上，其心理发展亦日趋成熟，他们的独立意识和成人感增强，迫切希望人们以成人的眼光看待他们，承认他们的成人地位，热衷于独立自主地进行各种活动。对他人过多的关心会产生反感，甚至产生顶撞现象，逆反情绪十分强烈；另外，他们又缺乏必要的知识与能力，传统的班级管理方式又造成了他们对教师仍有一定的依赖性。因此，他们处于想独立而不能独立，希望自由又不能自由的阶段，在行动中表现出既懂事又不懂事、自觉又不自觉、有主见又无主见、能自制又不能自制的矛盾现象。中学生的这种独立性与依赖性的矛盾，体现了高中生从依附到自主的转化，是人生中的重要转折。因此，教育者要掌握学生的生理与心理特征，注重学生的自主意识，培养其自主管理能力，以适应高中生身心发展的需要。

在经历了至少九年的集体生活后，高中生班级中每一个学生都有着较为丰富的个人阅历，他们熟悉班级生活和学校生活；相同的成长时代背景，使学生们之间有着先天的优于师生之间的理解和共鸣。因此，在班级中实行民主管理，推行御史台协理制度，将日常班级管理和古代御史台制度有效结合起来进行班级管理，是一种创新型的班级管理制度。

在中学班级内实行民主管理，推行御史台协理制度，其优越性主要体现在以下几方面：

一是能发挥学生的自律性，解放班主任。班主任的工作应该是细致入微的，但如果不注意学生自律性的培养和加强，班主任便会在每天的日常管理工作中做很多重复的工作，工作效率低。而且这样的工作方式容易让师生对日常管理产生厌烦抵触情绪，随之正常的教学工作就难以保证；而较差的学习状况又使学生对班级环境失去信心，越发放纵自己的行为，形成恶性循环。

二是有利于学生社会性的培养，特别是自主法治观念与习惯的形成。学生在校期间，学校有责任帮助学生认识团体、认识社会，形成健康、积极的社会性品质与习惯。比如敬重他人、有责任感、富于团队精神、乐观、积极、解决问题时优先考虑自主途径、法律法规概念鲜明等。

三是有利于培养学生主体性，提高教学质量。如果学生觉得自己的班级生活方式是健康的、快乐的，那么，他也会将在班级生活中处理问题的方式和快乐的情绪迁移到别的事情上去。班级实行的自主管理方式让学生树立了信心，有了自己想办法解决问题的经验，体会了怎样坦然地寻求帮助，怎样与他人相配合，怎样与人相处才能使事情进展得更顺利，自己的心情更愉快，即学生意识和感受到了在管理过程中自身所处的主体地位。

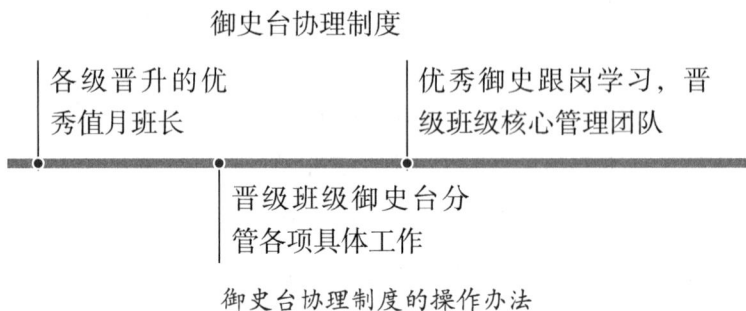

御史台协理制度

各级晋升的优秀值月班长	优秀御史跟岗学习，晋级班级核心管理团队
	晋级班级御史台分管各项具体工作

御史台协理制度的操作办法

一、班级管理机构设置

（一）班级常委 6 名

1. 主席（主管班长和团支部书记工作）

不接受执行部长的选择，直接由班主任安排到执行部。职责详见班长和团支部书记职责。

2. 政法委书记（主管考勤、纪律和监察工作）

接受执行部长的选择。职责详见考勤、纪律和监察职责。

3. 劳动人事部部长（主管劳动、弹劾和转会工作）

接受执行部长的选择。职责详见劳动、弹劾和转会职责。

4. 中宣部部长（主管宣传、文娱和组织工作）

接受执行部长的选择。职责详见宣传、文娱和组织工作职责。

5. 学习部部长（主管学习、科代表与女生工作）

接受执行部长的选择。职责详见学习、科代表与女生工作职责。

6. 体育科技部部长（主管体育与科技工作）

接受执行部长的选择。职责详见体育与科技工作职责。

提醒说明：接受 6 名学科科长和 4 名执行部长的监督，可被弹劾（主席除外）。

（二）执行部长 4 名

每个月由全体同学选举产生，接受班级常委和本组组员的监督，可被弹劾。

（三）学科科长 6 名

直接任命，但接受班级 6 名常委和 4 名执行部长的监督，可被弹劾。负责统计本科目大考和小考班级前 3 名加分（如果进入年级前 60 名，各加 5 分；如果没进入年级前 60 名，各只加 3 分）；班级拖欠作业统计每次扣 1 分；本科目教师教学的协助管理，对于扰乱纪律者每次扣 2 分。

二、具体德行量化考核制度

（一）考核对象

全体同学接受学校德行量化考核方案的考核、学校风纪十项考核制度的考核以及班规的考核，特别说明：在学校被扣分的同学，在班级乘以 3 倍扣除其本人的积分。

（二）德行量化扣分

①在学校没有迟到，但在班级迟到（补课早上 7 : 30，正式开学早上 7 : 07）的学生每次扣 2 分；拟正式开学之后早上迟于 7 : 00 进入教室的学生每次扣 1 分，早上迟于 7 : 07 进入教室的学生每次扣 2 分。

②规范请假制度，凡无特殊理由请假的同学每次扣 0.5 分，但病假和丧假除外。

（三）学业成绩加分和优秀执行部加分制度

1. 学业成绩加分

每次大小考各科目前 3 名的加分由各科科长统计；进入年级前 100 名和班级前 10 名的加分由学习部部长统计（年级前 100 名给其本人加 8 分，班级前 10 名加分分为前 3 名各加 5 分和前 4—10 名各加 3 分）；大考按总分给平时学习勤奋刻苦的学生设进步奖 3 名加 2 分，小考给平时学习勤奋刻苦的学生设进步奖 2 名加 1 分。

任课教师在课堂表扬的学生或学生在课堂表现优秀，可由本部执行部长或科代表向班级常委学习部部长申请加 1 分。

2. 优秀执行部加分

每月累计得分最多的执行部为当月"优秀执行部"，并给当月"优秀执行部长"加 3 分。每学期累计三次被考核为"优秀执行部长"，则自动当选本学期"优秀学生干部"。

（四）统计周期

全体同学（A、B 两区）综合得分每两周统计一次，实行末位淘汰制（第四大点第 3 条有详细解释）。A 区四个执行部每月统计一次得分（第四执行部因为人数少一半，所以得分乘以 2 进行对比），排出名次进行表彰或批评。

三、组员选择、座位调整以及 A/B 区绩效互换制度

（一）组员选择

每个月 5 号左右，由选择出来的执行部长对 A 区的学生进行分组选择，选择顺序按前一个月各执行部得分高低先后进行，如因 A 区学生无执行部长选择，则可从 B 区学生中选择表现比较好的学生互换补充。

（二）座位调整

先按前一个月各执行部得分高低由各执行部长从高到低选择座位，再按前一个月各执行部内部成员得分高低由部内成员从高到低选择座位。特别强调：座位调整无讨价还价余地和人情交易原则，一经确定不得更换，违者每次扣 2 分。

（三）A/B 区绩效互换制度

① A 区学生在组员选择过程中无执行部长选择，则可从 B 区学生中选择表现比较好的学生互换补充。

②A区学生前一个月德行量化考核低于65分，则可从B区学生中选择表现比较好的学生互换补充。

③前一个月被执行部长和班级常委投诉，反映表现比较差，则可从B区学生中选择表现比较好的学生互换补充。

④被任课老师投诉多次违纪，严重违反课堂纪律和晚修纪律，则可从B区学生中选择表现比较好的学生互换补充。

四、弹劾制度、转会制度、末位淘汰制度和检举制度

（一）弹劾制度（实名弹劾）

①弹劾班委常委：班委常委工作不得力，处理班级事务不公平或工作能力及业绩差，可由执行部长和学科科长联名弹劾，经查属实对班委常委撤职处分，并扣德行量化5分。

②弹劾学科科长：学科科长不及时统计小考加分，不及时统计学生欠作业情况，对执行部长所提议加分项目置之不理，在学生中口碑比较差，经查属实对学科科长撤职处分，并扣德行量化5分。

③弹劾执行部长：执行部长不及时记录本部的情况，工作不主动、不作为，工作业绩差，在本部同学中口碑比较差并被多次投诉，经查属实对执行部长撤职处分，并扣德行量化5分。

（二）转会制度（仅限A区）

①自由转会：两个在不同执行部的组员互相同意转部，并向劳动人事部长提出申请转部被批准，且两组的执行部长无异议，可以自由转会，不进行加减分的量化，且不受时间限制。

②挂牌转会/有偿转会：对于优秀学生进行挂牌转会/有偿转会，在每个月5日之前，本部执行部长在征得其本人同意或其本人提出申请，并被劳动人

事部部长批准同意，可以挂牌在人才转会市场进行有偿转会。

有偿标准：优秀学生转出的执行部所有组员各加 2 分，接受的执行部所有组员各减 1 分。

（三）末位淘汰制度（A、B 区）

全体同学（A、B 两区）综合得分每两周统计一次并在全班公布无异议之后，在 A 区综合得分排名最低的执行部中淘汰综合得分最低的一名同学（如综合得分并列，则按加分项高低进行淘汰），淘汰的同学与 B 区综合得分最高的一名同学进行互换（前提：B 区综合得分最高的一名同学的得分高于 A 区淘汰的同学）。

（四）检举制度（A、B 区）

全班各个执行部长平时要按照周数及时记录本部同学的加分和减分情况，另外对其他执行部中违纪的学生也要及时记录并向所负责的班级常委进行检举，经核属实，被检举学生要按照班规及时补扣，检举成功的执行部长加 2 分（注意：检举时效为当周有效，隔周无效；同一检举，先举有效，后举无效）。

五、评优制度

（一）"优秀学生干部" 评优制度

① 每学期累计三次被考核为 "优秀执行部长"，则自动当选本学期 "优秀学生干部"，宁缺毋滥。

② 在期末德行量化总分班级前 15 名范围内，挑选优秀学科科长 2 名，获得 "优秀执行部长" 2 次的执行部长和班级常委，由 A 区学生进行投票选举，选出 2—3 名作为本学期 "优秀学生干部"，宁缺毋滥。

（二）"三好学生"评优制度

①在期末德行量化总分班级前 11 名范围内，综合本学期的整体学习生活表现，由各执行部长推出本部前 3 名组员（第四执行部只推 1 名），由 A 区学生进行投票选举，选出 6 名作为本学期"三好学生候选人"，宁缺毋滥。

②学校根据"三好学生候选人"期末考试成绩进行择优评选，确定最后的"三好学生"名单。

六、作弊处理办法

（一）加减分作弊处理办法

①班级常委、学科科长、执行部长在德行量化加减分过程中，存在不公平或者徇私舞弊，依据班规严肃进行处分。

②本部执行部长或科代表向班级常委学习部长申请酌情加 1—2 分过程中徇私舞弊，依据班规严肃进行处分。

（二）组员选择和座位调整作弊处理办法

①组员选择过程存在人情交换和徇私舞弊者，依据班规严肃进行处分。

②座位调整过程存在人情交换、讨价还价、威胁调换和徇私舞弊者，依据班规严肃进行处分。

（三）转会与弹劾作弊处理办法

①班级常委、学科科长、执行部长在转会过程中，违规操作、徇私舞弊，依据班规严肃进行处分。

②A 区学生、学科科长、执行部长在弹劾过程中，肆意报复、徇私舞弊，依据班规严肃进行处分。

③ 凡在以上过程中被查出作弊者，一律取消本学期评先评优资格，严重违纪者进德育处培训班学习。

通过以上御史台协理制度的培养，学生获得成长，班级气氛融洽，以下是学生成长的案例。

在分班之后我竞选上了学习部长这个职位，很感谢大家给我的这一个机会。说真的，在担任了这个职位后，我得到了很多不一样的收获，也让我变得更加积极主动去为班级服务，同时我也在不断地提升自己的胆量和能力。刚开始我还有点儿腼腆，但是到后面需要做的事越来越多，逐渐有了微小的进步，让我变得越来越好，但同时也还有很多需要加强的地方。很感谢大家对我的提醒和监督，让我不断改正自己身上不足的地方。后面很幸运地当上了值周班长，体会到管好一个班级的不易，让我知道了在管理方面自己还有些欠缺，大家也在投票环节点出了我的不足，例如胆量和声音方面需要再多多加强，这也使我对自己有了更加清晰的认识。并且也很感谢各个班委干部的帮助，让我在管理的同时也体会到了集体的责任心和担当，在他们的帮助下让我不断进步，提升自己的能力，明白怎样去管理好一个班级、一个集体，还有怎样去把各项工作给落实好。最后最感谢的就是 Steven 了，他让我成长了很多，成就了一个不一样的自己，以后我也会继续努力，不断前进！

在高一的第二学期，我很荣幸担任了 Steven 班级的班委干部，也很高兴能够在老师的信任、同学们的积极配合下，完成了这一学期的任务。总结一下我这段时间以来的工作，忙碌且充实，收获颇多。在老师的指导和关心下，在同学们的帮助和配合下，我的工作在后面阶段取得了一定的进步，回想起这一学期的工作经历，遇到过困难，也有想过说："好累啊，不想做了！"但最后我还是作出了我认为正确的选择，既然当初选择了这一职务，选择了去承担这份责任，那我无论如何也不能中途放弃了。我汲取了前阶段工作的教训，去聆听同学们的意见，选择了更认真、更专注地去对待这份工作。对于宣传评价部长这份工作确实是要花很多心思，稍有不慎就会算错分数，但我却在其中收获满满，我学会了更认真地去对待学习和生活上的各种事物，去更专注地做好自己的事。我的工作也告一段落了，希望新一届的班委干部，新的起点，新的样貌，去创造一个不一样的（1）班，带领（1）班越来越好！

时光匆匆，这学期眨眼间就结束了，这一学期我很荣幸当上了 Steven 班级的主席。在这个学期我的收获春华秋实。我一直认为自己是一个放荡不羁、责任感不够强的后进生，直到我当上了主席，我开始逐渐地改变了对自己的看法。主席这个席位充分地增强了我的责任感，提升了我的办事能力与工作效率，并且提高了我在班级的威望。在这学期跟着 Steven 学会了很多：首先，班级如何管理。一是以身作则；二是制度评价；三是情感交流。要让自己足够优秀才能带动班里的同学一起进步；要按班级班规公平公正公开地做事；要将心比心，切身体会同学们的内心感受，将同学们的心声落到实处。其次，我学会了如何培训值周值日班长管理好班级，挖掘班级里优秀的人才，利用小组营造班级良好的学习氛围，让小组的学习委员带动小组落后的同学，小组里相互合作，班级里同学与同学互相监督，严格规范自身日常行为，营造优秀的班风班貌。这个学期我感到最荣幸的是我们（1）班连续获得流动红旗和"先进班集体"称号。最后，这个学期我也带领同学们开展了许多有趣的课外拓展，篮球赛培养班级荣誉感和集体意识；大食会让同学们品尝美食，调适心情，融入班级，和谐成长。总而言之，在 Steven 的班级体制培养下，我受益匪浅。我希望能在 Steven 的培养下成为一名品学兼优的班干部。

来到（1）班这个大家庭已经有将近一个学期了，还记得刚来到（1）班的时候，我是第一个值周班长，那时候我对班规不是很熟悉，导致值日的一周里班上被扣的分很多，但我希望自己能做得更好，我一遍一遍地熟读班规，了解（1）班的班规后，我也能把班规运用起来了，我通过了值周班长考核，晋升为班里的第一位御史。因为我是学生会监察部的成员，对学生会的规定比较了解，于是我成了我们班的监察御史，我每天拿同学们锻炼我的检查能力，虽然有时候也会出现失误，没有检查出问题，但这让我在学生会的工作中得到不小的进步，在每周班委御史会中我会总结自己一周检查发现的问题。说到总结，不得不让我想起我上的那节班会课，我平时基本上不碰电脑，但是为了那节班会课，我到处问 PPT（幻灯片）的做法，让我没想到的是我还学会了。我也没上过班会课，非常紧张地走上台，属实有点儿不知所措，但是我最后还是克服了，因为我知道我行，不逼一下自己都不知道自己这么厉害，我的语言组织和总结能力也在 Steven 老师的培养下得到了提升，非常感谢老师给予的培养与教导。

刚来到龙江中学的时候，我对未来充满着迷茫，没有明确的目标，没有伟大的理想，就想着平平庸庸地混日子，当条咸鱼。在高一新分到的班级里，也没有像初中的时候这么积极去竞选班干部了，就想做一个班里的小透明，默默地做好自己就行了。但后来十月份回来，我们分了班，我被分到了 Steven 的班。他的课堂很有趣，没有那么死板，特别的生动，即使讲个几分钟，也可以让你掌握一个语法。选班干部和科代表时，很遗憾没能当上英语课代表，莫名的机会当上了政治课代表。虽然自己也不是很喜欢，但还是认真做好了每一项工作。后来，班里面有了值日班长和值周班长的实行，刚开始我当值日班长的时候，应该是小学和初中的管理经验，所以那一天我管得还可以，晋升值周班长的时候票数也挺高的，也挺感谢同学们对我的支持，后来当了值周班长，刚好又是考试周，星期一到星期三的值日班长又是比较胆小型选手，所以我还需要花费大量的精力和时间去帮助他们，去替他们管理，那一周就特别累，有几天差点儿心态崩溃了，特别想放弃当值周班长，咬咬牙挺了过去。后来，也是比较高的票数晋升为了御史，负责的是考勤部分。但那周值周班长真的也让我成长了很多。晋升为御史，我的工作就是要在黑板上登记缺勤的人，护送请假的同学出校门，并且要看到其安全上车才能离开……没有人是天生完美的，每个人都有自己不懂的领域，就需要我们不断地学习和磨炼，我相信我可以越来越好，见证自己的成长，也是一个很好的过程。

在短短的高中三年内，我很荣幸在 Steven 的班级内竞选成为一名班委干部。还记得我竞选的时候怀着胆怯的心上台介绍自己，我很明确地知道能在台上讲话的机会难得，无论能不能竞选上，我都要去试试在台上对着五十几个人讲话，锻炼一下自己的胆量。跟我竞选同样职务的同学还有三个，我感觉他们都比我优秀，但是票数出来后我却意外地成为班上的主席。主席这个职务好像并没有说要做什么固定的工作，但是在实践起来的时候我发现这个职务似乎并没有想象的那么简单。其他班委分管的工作出了一点儿小问题同学们第一想到的不是去找那个主管的班委，而是第一个来找我，而我对他们的工作也不太熟悉，为了同学们的方便，我还是一点一点地研究其他班委的工作，尽可能地把每一项工作都学会，上手去管也没有问题，这样我觉得，主席这个职务并不是没有明确分工，而是在于这个职位要尽可能做到全能，在需要补位的时候主席就要主动去补位，简单来说就是能力越大，责任越大，甚至有些时候其他班委对他们自己的工作不懂都要来问我，我只能去帮他们问老师或者商量更好的方法。在任期我开了数不清的会，慢慢地我的组织能力和谈吐能力锻炼起来了，说话越来越大方，没有遮遮掩掩，甚至在每周班会课上的班委发言我都能在台上展现自己，把自己想说的话有条理地讲出来，我觉得这并不是人生来就有的能力，而是在日常实践中逐渐锻炼出来的。

高中班级管理的特点在于学生思想容易波动，个性较为鲜明，存在不同管理的特点。在学生心理健康方面，高中生面临着诸多压力，学生的学业压力大，竞争激烈，管理者需要关注学生的心理健康，进行引导和协调，促进学生之间的交流和沟通，促进学生的身心健康发展。

第三节　3Cs 班级管理中合作式学习（C-COOPERATIVE）培养：高中"三人行契约式合作学习模式"

要培养学生的合作学习意识，可以采取以下方法。一是树立集体意识。教师可以引导学生通过小组讨论、团队合作等方式，实现共同完成一项任务。在任务中强调每个人的贡献对于团队的价值。二是培养高效沟通。在小组合作中，教师可以指导学生如何交流、如何倾听和及时反馈。教师也可以鼓励学生互相交换想法，并学会应对不同的观点和看法。三是鼓励良性互动。教师可以设定开放性问题和任务，需要学生共同解决。鼓励学生展现个人长处，以及学会相互补充彼此间的缺陷，从而实现共同进步。四是营造学习氛围。在小组合作中，教师可以鼓励学生互相学习和相互帮助。学生可以形成相互尊重和信任的关系，并共同建立一个友好和平的学习氛围。五是增强自我认知。通过小组讨论和合作解决任务，学生可以自我认知目标和优缺点，从而提升个人自我管理和学习能力；同时培养学生自我反思和总结能力，从而不断提高学生的综合素养。

总之，教师可以从任务、沟通、互动、氛围和自我认知五方面培养学生的合作学习意识；较好地运用团队任务和小组讨论等方式，充分发挥每一位学生的优势，加强班级合作意识的培养，达到更理想的效果。

自从毕业以后，我一直担任班主任，在这么多年的班主任工作中，我感触颇深，有几分劳累、几分收获，我咀嚼过失败的痛苦，也品尝过成功的甘甜。经过一次次心灵的洗礼，我不再是初出茅庐的毛头小子，我已经逐渐成长为一名能够独当一面的专业班主任了，况且自从我在中山大学读了三年的硕士研究生，学到了一些教育管理理论知识，感受了中山大学那种"德才兼备，领袖气质，家国情怀"的育人理念以后，就深深地被母校的那种博大情怀感动着，而且我校新上任的张校长虽然 50 多岁了，但是他很有工作热情，多次做关于教师的励志演讲，还多次深入我的高二（14）班对学生做精彩励志演讲，又使我的内心多了一些感动，全身充满斗志，我决定用自己的知识去做点儿事情。经过调研依据班级的实际情况，我决定在我的高二（14）班（高二（14）班为文科实验班，是文科的第二层次班级，在实验班之上还有一个层次的"火箭班"）试行"三人行契约式合作学习模式"。

所谓"三人行契约式合作学习模式"指的是依据学生的自我发展和评价情况，根据学生的德育发展水平以及学生优劣势科目，以三个人为一个学习小组自由组合成一个"三人行学习小组"，然后引入商业中的合同制度有效地嵌入小组合作协议中来，并让各小组领会并推行这种新型的合同协议制度，使这种合同协议成为班级有效有形的管理制度。此外，这种学习模式重点培养学生良好的养成习惯和契约精神，并且将契约精神深深地烙印在学生的心里，使契约精神成为班级无形的管理制度。

三人行契约式合作学习模式

分组

- 问卷调查
- 学习斗志激情得分
- 自由组合成"三人行"学习小组

签订协议和契约

- 组内三人签订"学习互助互相监督学习契约"
- 小组与班主任签订阶段性"小组学习成效合同"

考核和评价

- 外在考核：学生和小组专业发展积分；完成与班主任签订的学习成效合同和相应的指标
- 内在考核：三人行小组的学习激情斗志、精神面貌、小组的凝聚力、组内管理措施

分组

- 实验班与对照班学业成效对比
- 寻求该模式的普适性

下面我就把"三人行契约式合作学习模式"推行的全过程，以及自己推行班级管理改革的心得感悟与大家分享。

一、"三人行契约式合作学习模式"具体的推行步骤

（一）"三人行契约式合作学习模式"推行第一步

让学生自我分析：提前和学生打好招呼，让他们简单准备 3 分钟以内的自我介绍，准备上讲台。利用一节班会课让学生一个一个上讲台自我评价：一是

优势科目和劣势科目；二是自我性格分析；三是想找一个什么样的学习合作伙伴。

（二）"三人行契约式合作学习模式"推行第二步

学生自我分析后领一张白纸，利用休闲时间做好纸质简介，大体把自己讲的内容写出来，尽量美观。然后在班级后黑板展示。如下图所示：

（三）"三人行契约式合作学习模式"推行第三步

学生根据自己的实际情况，去看学生展示的自我简介，然后初步选出自己最心仪的合作伙伴一人，并上报给班长或学习委员。学习委员统计并记录好每个同学的基本情况，做好分组参考，统筹规划。大体分为 A、B、C 三个层次，A 层次为 1—19 名，B 层次为 20—35 名，C 层次为 36—48 名，然后按照 A、B、C 的模式进行小组的组合。

（四）"三人行契约式合作学习模式"推行第四步

这一步也是最关键的一步，先让全班同学共同学习商业合同的样板，列举商业合作中的典型案例，让学生充分了解在商业合作中签订商业合同的必要性，讲清楚商业合同需要注意的地方，尤其要注意诚信问题。同时向学生灌输契约精神，这样把前期所有的思想动员工作准备就绪后，就开始让学生立下学习承诺，签订学习契约，制订学习计划和学习目标。如下图所示：

计划人：黄露晴、简嘉欣、黄家许

承诺人：黄露晴、简嘉欣、黄家许

监督人：Steven（班主任的英文名）

2016 年 10 月 12 日

就这样，高二（14）班开始了轰轰烈烈的"三人行契约式合作学习模式"的改革。

二、推行"三人行契约式合作学习模式"对班级面貌的影响

（一）学生自主管理、自我监督能力提高了

在三人行契约式小组合作学习过程中，第 6 小组签订了学习契约，如果第一次月考谁不努力，没有考到本科线，就到办公室帮老师倒水一周。第 6 小组的吴逸涵同学由于有点儿懒惰，第一次月考没有考到本科线，他自觉到办公室帮老师倒水，受到了全办公室老师的表扬；他自己也意识到成绩和荣誉要靠自己来争取，于是近阶段学习努力多了，成绩也有了较大的进步。

（二）家长对学校工作和班级工作的支持力度加大了

自从推行"三人行契约式合作学习模式"后，得到了家长的大力支持。第 8 小组的洪慧玲的家长，为了鼓励她女儿所在的第 8 小组合作学习，主动请第 8 小组成员洪慧玲、黎嘉旋、李嘉婷聚餐，向同学们讲述自己的人生经历，并且鼓励同学们努力学习，获得了很好的教育效果。该小组在期末统考中，三位同学进步都很大，都考上了本科，获得了全班第三名的优秀成绩，并被评为"优秀三人行学习小组"。此外，这位家长主动给予她女儿所在的第 8 小组奖励经费，只要学生取得进步，她都会给予物质和精神层面的奖励，有了这些家长的支持，我们班主任的工作轻松了许多。

（三）班级学生之间相互理解、相互鼓励、相互支持更多了

在三人行契约式合作学习过程中，同学们主动帮对方过生日，帮对方打水、买东西等，相互鼓励、相互感恩。在学校推行"三清三练"的学习任务中，同学们的学习压力比较大，学习的过程比较烦闷。但是在高二（14）班三

人行契约式小组合作学习过程中，很多小组非常重视"三清三练"，当组内某个组员坚持不住时，为了克服厌倦情绪，主动给对方打气，相互做思想工作，相互鼓励，及时排解抑郁情绪，重新激活学习的动力和激情，班级的凝聚力得到了很大的提升。

（四）增进了学生对老师和家长的感恩之心

在"三人行契约式合作学习模式"推行后，学生之间相互感恩，学生对老师的感恩之心也增强了不少，如学生主动给老师倒水，学生主动给老师拿东西，学生主动给老师送一些贴心的小礼物，让老师感动不已。我班的数学老师邓先勇生病住院，学生主动买了水果去看望邓老师，主动向邓老师汇报学习的进度，以及最近班级的数学学习情况等。此外，在家长微信群中，学生家长经常反映学生进入高二（14）班以后长大了，主动帮家里做事，主动关心家长等，令家长很感动。

（五）学生的自主意识、责任心以及班集体荣誉感更强了

前一段时间，年级组召开了实验班会议，在会议上年级长重点表扬了高二（4）班的学生回来较早，主动学习，很勤奋。我们高二（14）班的学生在开完实验班的会议之后，当天晚上班长和各小组组长召开了紧急会议，决定向高二（4）班学习，提早回校努力学习，获得了全班的支持，于是从那天起，我班的学生主动回校，早到的学生更多了，而且早到校的同学都在认真学习。通过这件事，我不得不承认这件事情我这个班主任都很难开口去推行，想不到学生居然主动做到了，我看到了学生的成长和努力，心里由衷地发出感慨：学生长大了，做高二（14）班的班主任很幸福！

三、推行"三人行契约式合作学习模式"过程中遇到的问题和经验

（一）关于推行"三人行契约式合作学习模式"的时间问题

推行三人行学习模式以后，全班 48 人共分为 16 个小组，其中有 12 个组努力进取、积极向上，但是仍然有 4 个后进组，经过一段时间的思想工作以后，挽救了两个组，但还有两个组的 6 个人自觉性比较差，作风比较散漫。经查这几个同学基本都是高二重新分班以后普通班升上来的，在以前的班级养成了一些陋习，很难转变。因此，推行三人行合作学习模式的首要问题便是养成学生良好的学习习惯，以及培养学生的团队契约精神，而且应该从学生高一入学，趁着他们对高中充满新鲜感和好奇心的时候，就应该推行这种合作学习模式，提前养成学生良好的学习习惯以及培养学生的团队契约精神，以免学生在高一的学习生活中养成一些不好的学习习惯，而后再去改正，难上加难。

（二）关于"三人行契约式合作学习模式"座位编排的问题

推行改革后，在高二（14）班座位编排上做了三次大的调整。刚开始的时候三人行学习小组按倒"品"字形排列，这个座位的编排对于大家相互之间还不太熟悉，促使他们养成小组合作习惯和契约精神时作用很大，利大于弊，但是随着时间的深入，学生熟悉之后，组内讲闲话多了一些，纪律性差了一些。于是我针对班级情况对座位进行第二次调整，这个时候三人行学习小组按"□"形排列，这个座位的编排有利于小组内部和小组之间的讨论交流，但是好了一个月左右，又出现了新的问题，由于各个小组靠得比较近，组内组员、组与组之间的闲话又多了一些。最后，通过调研，我又对座位做了一次调整，这个时候我认为契约精神已经深入学生的心里，于是大胆地把座位变成了现在高二（14）班的小组阵形，即 6 人为一行政部，竖向 3 人为

一个 3 人行契约式合作学习小组,这样既有利于推行大部制小组式合作学习模式,同时又有效地避免了学生相互之间讲闲话,有效地控制了纪律。因此,我得出一个结论:当学生的学习习惯与契约精神养成以后,编排座位的形式就不是问题了,真正的问题是如何引导学生管好纪律专心学习,以及如何有效保持小组合作激情度。

四、推行"三人行契约式合作学习模式"取得的成效

推行"三人行契约式合作学习模式"后,高二(14)班的学生自主管理能力、责任感以及班级的凝聚力得到了很大的提升,并且取得了一系列的成绩:

高二(14)班全班一起努力,获得学校 2016 学年下学期"先进班集体"。

高二(14)班在学校运动会中表现出色,涌现出很多感人事迹,并且获得校运会乙组团体总分冠军。

高二(14)班在高二年级的篮球比赛中,用自身的努力和班级凝聚力,啃下一个又一个硬骨头,一步一步淘汰对手,最终进入决赛,获得高二篮球赛文科冠军。

高二(14)班在学校的风纪考核中 9—12 月、1 月连续 5 个月拿到学校"流动红旗班",其中学校风纪十项考核有 6 周拿到 100 分,全校第一名,有 7 周拿到 99 分和 98 分,排名全校第二名、第三名。

高二(14)班的学生主动参加高级别的比赛,比如李晓晴、苏莹莹、余建威三位同学代表学校参加顺德区英语口语大赛,杨月同学获得龙中演讲比赛第一名,并代表学校参加广东省的演讲比赛决赛。

高二(14)班的班级文化建设已初见成效,班级展示墙展示了班级优秀的学生和优秀小组等各种榜样,体现了榜样的力量;班级推行值周值日班长制度,深入人心,在高二(14)班人人都愿意为班级服务,为班级的发展贡献自己的一份力量。

在学期末的佛山市统考中，高二（14）班有 3 名同学进入年级前 30 名，其中林瑞恒年级第 15 名，洪慧玲年级第 22 名，康卓琳年级第 30 名。班级任佳佳的地理曾获得年级第一名的好成绩，班级王垚彤同学地理单科成绩出色，受到学校嘉奖。

推行"三人行契约式合作学习模式"以后，高二（14）班的学习成绩取得了较大的进步，在文科平行实验班中逐渐确立了领先的地位。

高二（14）班推行"三人行契约式合作学习模式"，学生在学校的风纪考核和德育成长方面都取得了非常好的成绩，下面我想从学生学习成绩方面谈谈该学习模式的成效，详见下表：

推行"三人行契约式合作学习模式"以后，高二（14）班与平行班（11）班、（13）班成绩的对比情况																
	分班成绩				第一次月考				第二次月考				期末考试			
班级	六科总分	本科上线人数	重点上线人数	排名	六科总分	本科上线人数	重点上线人数	排名	六科总分	本科上线人数	重点上线人数	排名	六科总分	本科上线人数	重点上线人数	排名
（11）班	427.9	35	0	2	412.8	30	0	2	406.4	38	0	3	398.8	34	1	3
（13）班	430.4	35	0	1	426.0	34	0	1	422.6	34	0	1	403.7	32	0	2
（14）班	427.3	34	0	3	408.0	31	0	3	408.0	34	1	2	408.5	37	1	1

从以上学习成绩来看，高二（14）班在上学期的分班成绩上，相对高二（11）班和高二（13）班无论是六科总分还是本科指标都相对处于劣势；我于高二上学期开始推行"三人行契约式合作学习模式"，推行了近一个学年后，高二（14）班在第一次月考中取得了少许进步，超越了高二（11）班，但与

高二（13）班仍然有一定的差距。但是随着班级"三人行契约式合作学习模式"改革的不断深入，学生的学习积极性和学习主动性都不断增强，班级学生学习的热情不断高涨，高二（14）班在第二次月考中取得了较大进步（与高二（13）班在本科指标上打了个平手，但高二（14）班有一个黎嘉旋同学进入年级第 13 名——重点指标）；到了高二期末考试的时候，高二（14）班的"三人行契约式合作学习模式"改革才真正取得了成效，高二（14）班在 6 科总分中超越了高二（11）班和高二（13）班，名列第一名，在本科指标方面本科上线 37 人，超指标 3 人，远远超越了高二（11）班和高二（13）班，而且高二（14）班非常稳定地上了一个重点黎嘉旋同学（年级第 15 名——重点指标）。

由此可见，高二（14）班推行的"三人行契约式合作学习模式"在提高学生成绩方面具有非常好的效果，这个学习模式不仅有利于提高班级的学习成绩总分和班级本科指标，而且更加有利于培养尖子生以及本科临界生，是真正有效果的学习模式。"三人行契约式合作学习模式"能够在学习成绩方面取得较大的成效，主要有以下两个原因：

① 这种学习模式增强了学生学习的自主性和团队协作性，加强了学生的自我管理和监督力度（本学期，我在高二（14）班有意在早练和晚练两个时间段没有跟班，但是高二（14）班的学生基本早晚 6:40 前自主到位，认真学习。值得指出的是：学生自发地到校学习，而且到校后基本能够主动自觉地学习，没有做闲事讲闲话），这样从一定程度上减轻了班主任的管理负担。

② 在几次考试中之所以本科上线人数不断增加，那是由于学生中的临界生上线率高，班级整体指标上升。在班级和小组契约精神的互助互督模式下，临界生的惰性无处逃避，这样的模式能够极大地提高临界生的上线率，让临界生体会到成功的喜悦感，实现临界生持续的进步。

五、推行"三人行契约式合作学习模式"的心得感悟

第一个感受：推行"三人行契约式合作学习模式"改革给我带来了持续的成功感和喜悦感。

自从我从中山大学读了三年研究生，学习了教育管理的理论知识，感受了中山大学的那种"德才兼备，领袖气质，家国情怀"的育人理念以后，就深深地被母校的那种博大情怀感动着，全身充满斗志。于是，我带着这股感动和热情，大胆地在文科实验班高二（14）班推行"三人行契约式合作学习模式"，我对自己说："一定要坚持做出一点儿成绩来证明自己，一定要好好地推行改革，给自己和学校一个交代！"随着改革的不断深入，学生不断进步，家长不断支持打气，高二（14）班无论是风纪还是学业成绩都取得了较大改变和成效，而且我们班形成了一种"学生—班主任—家长"相互支持鼓励交流的一个团队，互相鼓励和支持，相互反映班级改革的情况和学生的进步，于是，我真正体会到了一种前所未有的成功感和喜悦感，这种喜悦感是发自内心的，不是上级领导给予的，也不是靠维系人际关系而取得的，而是自己的教育改革理念得到了认可，自己也感觉当高二（14）班班主任真的很轻松很快乐，学生以及学生家长也对我们（14）班的老师很感恩，有两次我都被我的学生感动得热泪盈眶，这种感动和开心我许久没有体会到了，我感觉自己的人生又到了第二春。我很开心：我再也不是一个单纯的班级管理者，而是一个创新型的班级管理改革者。

第二个感受：改革之路很艰辛，但贵在坚持。

我在高二上学期推行这个改革的时候，为了更好地看到改革的成效，号召与另外四个班一起推行改革，但是还没过两周，其他四个班就退出了，这对我推行这个改革着实是一个很大的打击，而且他们的一致意见：觉得太辛苦了，

这个改革行不通，费力不讨好，让我先改革，等做出成绩后再给他们参考。说实话，那时候真的觉得自己的改革可能真的行不通，况且我做一个本分的班主任绰绰有余，何必这样折腾呢，差一点儿就放弃了。但是后来我想做教育总得要做出点儿成绩出来，不能就这样平平淡淡过一辈子，趁着自己年轻还有股热情就去做吧，免得将来后悔，况且我坚信我改革的初衷是没有错的，我也不甘心就这么放弃，于是自己坚持在高二（14）班继续推行这个改革。从做学生思想工作开始，做家长思想工作以赢得家长的支持，从编组、分组、三人行小组谈话、签订契约和合同、培养学生契约精神——做详细的学习成绩分析和德育成长分析——后续评价机制，一步一步将改革之路摸索着走出来，解决一个又一个问题，克服一个又一个困难，说真的，这个时候我多想身边有个同伴能和我一起走这条路，我感觉很孤独和无助，也很想得到级长、行政的支持和鼓励，但是不知道怎么开口，也不知道他们怎么样给我帮助。记得有一次因为与"三人行学习小组"谈话，与某一位老师闹了一点儿小矛盾，心里感觉很委屈，也很感慨：推行改革真的不容易，道路还很漫长。如果以后我再推行类似的改革，我一定会先带一个团队，一个能够相互扶持、患难与共的改革团队，只有这样的改革团队才能在改革的过程中少走一些弯路。因此，改革不是一个人的事情，是一个团队的问题，我深有体会。

另外有一次差点放弃改革是在高二第一次月考之后，由于第一次月考距离推行改革只有 7 周的时间，说长不长说短不短，自己的改革还不够完善和成熟，学生还没有完全适应这种改革模式，契约精神还没有完全形成，在第一次月考中班级本科指标少了 3 人，远远落后高二（13）班，与高二（11）班也没有太大的差别，那时候我真觉得改革没有效果，可能行不通，决定要放弃了，情绪很低落。在这个关键时候，年级主管副校长李校长找到我谈话，对我说："小邱，班级改革要看长远，不要在乎一次两次的考试成绩，要看长远，从我们几个行政巡堂来看，高二（14）班的学生学习的自觉性、主动性和积极性都很高，在全级都是比较好的，改革是有成效的，再坚持推行一段时间看看，可能会有效果出来的，如果实在不行，那就下个学期再调整吧。"后来，张校长又在一次晚修的时候，找我推心置腹地谈了一次话，和我聊了很多教育改革者的事情，我心里有很大的触动，尤其张校长当时对我说了一句令我一生都很难忘记的话："邱老师，你很有成为教育改革者的潜质，在改革方面有什么需要我帮忙的，你尽管说。"从这以后，更加坚定我推行班级改革的决心，不是为了荣誉，也不是为了做样子，而是真正做好班级改革这件事情。于是，我重新在班级调研，重新调整一些小组的发展方向，坚定地推行改革，所以才会有本学期第一次月考的一些进步、第二次月考的飞跃进步。很感谢学校领导在我改革之路上的支持和暖心的谈话，没有你们的谈话，可能就不会有今天高二（14）班改革的成效，当然，我还要继续努力，争取取得更大的成就。

第三个感受：改革要有一颗不甘平凡的强大心理，积极的心态很重要。

班主任工作是辛苦的，我们班主任要学会苦中作乐，要培养自己积极的心态和不甘平凡的强大心理，我们要用积极的心态、必胜的信念去带领一个班级走向成功，心存疑虑，必然失败，相信胜利，方能成功。同样，在班级推行"三人行契约式合作学习模式"改革也需要有积极的心态，而改革的成功与否就取决于是否有这种积极的心态。例如，在我推行改革的过程中需要不断地思考推行一些措施，不断地与学生交流谈话，在别人看来有点儿折腾，于是有一次在办公室，我的一个同事对我说："小邱，你这么折腾干吗？不觉得累吗？难道你想评优秀吗？你做得再多，领导又看不到，还是老老实实做个老师拿点儿工资就行了，何况你的工资比我还少一些，那么努力干吗？"我笑了笑，心里默默对自己说："同样是做老师，你我虽然同样拿着一份工资，或许你的工资现在比我高，但是从长远来看，我每天过得很充实、很开心、很有价值，我每天在做自己喜欢做的教育事业，而且我在做一个班级教育改革者，我会不断地得到我的学生和我的学生家长的敬重和支持。那么，我的心态一定会比你年轻，因为我有一颗不老之心，我只要好好坚持做好自己的教育改革事业，我就会永远拥有积极健康的心态，而这是用钱都买不到的，而且我相信在不久的将来，我一定会走向事业的巅峰。"我认为做教育改革就一定要有这样不甘平凡的心态，天道酬勤！我就是不断地这样自我鼓励和自我支持，坚持自己的"三人行契约式合作学习模式"，才能取得今天班级改革的成效。

最后，我想用我自己写的一首诗来总结我的"三人行契约式合作学习模式"改革实践的心路历程：

> 我们是班级改革的实践者，
> 满满粉笔灰的双手，
> 沟壑中沉淀着与改革实践相伴的岁月，
> 孤独，坚持，拼凑出教育的梦想。
> 我骄傲，我是班级改革的实践者！
> 我们有石膏一般坚定的目光，
> 追逐教育梦想的日子里，
> 一心往前跑，绝不往后看！
> 即使道路布满荆棘，
> 即使生活苟且，
> 但心中仍向往诗和远方，
> 我骄傲，我是班级改革的实践者！
> 打破消极、迷茫、无措，
> 我们要从教育缝隙中开出花来！
> 总有一天，
> 教育的舞台上，
> 我们为王！

第四章

主体教育哲学视角下的高中班级管理实践模式研究

第一节　制定完善的班级管理规章制度体系

　　班级管理规章制度体系是管理班级的重要工具，有效地维护着班级的秩序和稳定。要制定完善的班级管理规章制度体系，一要加强班级纪律。严禁迟到早退，上课时应安静听讲，不得打闹或吵闹；严禁携带手机、电子产品等非学习用品，上课时需将手机关机或调至静音状态；严禁翘课、旷课，如有特殊情况，须及时告知班主任或老师；严禁在教室内吃零食或嚼口香糖，禁止在教室内乱扔垃圾；班级内不得进行赌博、斗殴等违法活动，如发现上述行为，将严肃处理。二要建立班级章程。明确班级成员的职责和义务；规定班级会议的时间、地点、议程和程序；制定班级成绩考核制度，包括期末成绩、日常考试等；制定班级慈善捐赠、助学等公益活动方案。三要培训班级干部。班级干部管理好班级是班级管理的重要组成部分，应定期开展干部培训，提高干部的管理能力和社交技能。四要组织班级团建活动。组织丰富多彩的班级团建活动，增强班级成员之间的彼此了解和相互信任。五要进行班级监管与奖惩。对班级成员违反班级规章制度进行惩戒，并严格遵守相关规定。六要制定完善的班级管理规章制度体系。必须充分考虑班级的实际，加强与学校的协调，确保班级管理规章制度体系的有效实施。

　　以下两个关于建立班级管理制度的案例研究很好地阐释了制度育人的重要性。

一、英语学困生作业两次批改和课堂表现两次评价的行动研究

(一)问题的提出

2010年11月,期中考试之后,龙江中学英语教研组部分教师对高二学生进行了一次调查研究,内容涉及学生对英语学习的兴趣、英语学习习惯的养成和教师评价对自己的影响等。调查结果表明:32.7%的学生由于感觉学习英语困难,而逐渐失去英语学习的兴趣;有61.4%的学生没有养成主动、及时订正作业的习惯。

通过对调查数据分析发现,这些逐渐失去英语学习兴趣和没有主动、及时订正作业习惯的同学,绝大部分同学在期中考试中英语没有及格,属于英语学困生。但调查同时表明,这些学生中99.5%都很在乎老师对自己的评价,很希望得到老师的肯定。所以,我们就从改革英语作业和课堂表现两个比较直观又容易操作的评价方式入手,给学困生取得成功创造两次机会;同时运用激励的评价方式,激发他们的学习兴趣,增强他们的学习信心。2010年11月底,在学校英语教研组的支持下,本人开始对本校英语学困生作业两次批改和课堂表现两次评价进行实践研究。

(二)研究方法

在本研究中,本人采用了行动研究、等组实验、问卷调查法、课堂观察法等方法。

1.行动研究与等组实验

行动研究(Action Research)是指教师对在日常教学中出现的问题进行探索并采取某一"行动"进行干预,在实践中解决教学问题,在反思中完善教学细节。所以,行动研究关注实践与反思。在本研究中,本人将分阶段研究英语

学困生作业两次批改和课堂表现两次评价的有效性。为了获得客观科学的结果，本人采用等组实验法，即对实验班和对照班采用完全不同的研究方法；再通过统一的测试，了解不同研究方法对学生的学业成绩、学习能力和学习心理品质的影响，然后再根据统一测试的成绩作对比。

2. 问卷调查法

问卷调查法是一种以问卷的形式来搜集数据的有效方法。在本研究中，本人将对实验班和对照班采用实验前进行学习态度问卷调查，以及实验后进行学习态度问卷调查，主要了解英语学困生实验前与实验后学习态度的变化，以及这种变化对学习产生的影响。

3. 课堂观察法

课堂观察法是课堂研究广为使用的一种方法。它是指研究者或观察者带着明确的目的，凭借自身感官（如眼、耳等）以及有关辅助工具（观察表、录音录像设备等），直接或间接（主要是直接）从课堂情境中收集资料，并依据资料作相应研究的一种教育科学研究方法。课堂观察法是进行英语学困生作业两次批改和课堂表现两次评价行动研究中不可或缺的重要方法。通过课堂观察法，可以有效地发现英语学困生在英语课堂学习中存在的不足，可以更好更快地帮助英语学困生转变学习态度，改变英语学习方法，提高在英语课堂上的自我满足感与认同感，从而达到提高英语成绩的目的。

（三）行动研究的具体操作

1. 英语作业的两次批改

（1）体现行动的真实性

为防止其他因素影响并对行动研究的条件进行控制，参与英语学困生作业两次批改和课堂表现两次评价实验的只有高二（1）班和高二（3）班的英语老师知道并进行操作，其他选定参与实验班的学生不知道在进行行动研究，只是配合英语老师开展相关活动。其余班级（包括对照班）的学生和老师完全不知道行动研究的相关内容和方法。

（2）提出行动研究要求

向全体学生提出了第二次作业的要求：学生对老师第一次批改后的作业的错误之处进行反思，并认真听取教师对第一次作业中共同错误、重点、难点所进行的集体指导与讲评，然后经过三人小组或个体的自我思考完成第二次作业。

（3）落实二次评价

教师对学生的第二次作业仍进行批改与评分。在进行第二次作业评价的过程中，负责行动研究的老师还结合分层评价的方式做辅助评价：教师根据学生的英语基础，结合学生自己对层次的选择，把学生分成 A、B、C 三个层次，对于不同层次的学生给予不同的作业要求，给予不同的作业评价标准，在第二次作业评价时，采用降低优秀标准进行优秀评价。

（4）记录评价结果并组织评比展示

教师在第二次作业评价后要求学生把经过两次评价的作业成绩都记录了下来，保存在英语学习档案袋中，既作为平时小组竞赛的一个加分项目，又作为期末英语成绩综合评价的一项重要指标。另外，为了配合此次研究，本校英语教研组还开展了以班级为单位的优秀作业评比与展示活动。

案例

2010 年 12 月 7 日，邱老师布置了一道英语书面表达作业，要求学生描写自己的一位亲人。左同学（学困生）写的是他的妈妈，但交上来的写作作业只有 20 字左右，而且层次混乱。邱老师没有直接批评左同学，而是在他的作业本上写道："你的英文字写得真好，一笔一画写得那么工整，可见妈妈在你心中有多么重要，也表明你在认真完成老师布置的作业。但如果能了解一下你的妈妈，按一定顺序把她的主要特征描述出来，那么你妈妈的形象就更加生动和完美了。老师期待你能把漂亮和贤惠的妈妈展示出来。"为了能使学生更好地抓住人物特征进行有层次的描写，上英语课时，老师还就课本上的范文再次进行了分析和讲解，要求同学再次写作。第二次作业交上来了，左同学重点描述了妈妈的个子、头发、眼睛、性格和关爱自己的事例，非常感人。邱老师在作业本上作了这样的评述："一个活灵活现而又充满对孩子关爱的妈妈站在了老师面前，老师一定会把你的优异表现告诉你妈妈，妈妈听了一定会非常高兴，老师也为有你这样不断进步的学生感到自豪，明天能在上课时念出你的文章，请其他同学共同分享吗？"左同学得到了老师的鼓励，告诉老师想把文章再次修改后才到班上展示。当他得知老师把他的进步表现告诉了妈妈后，他在作业本上写道："老师，妈妈知道我用英语把她的美好形象展示给同学时，激动地流出了泪水，是您给了我知识、力量和机会，让妈妈这么高兴，让我在同学面前有了面子。"以后他都能较好地完成作业，遇到实在不会做的难题还主动请教老师和同学。作业的两次批改让左同学看到了自己的进步，体验到了成功的快乐，从而极大地提高了其学习英语的兴趣和信心。

虽然上述操作是面向全体学生，但在实际行动研究中，主要是针对英语学困生进行的。

2. 课堂表现的两次评价

在课堂教学中，英语学困生往往不能及时回答老师提出的问题，或不能完成相应的教学要求，这就需要老师对其课堂表现进行第二次评价。

（1）及时肯定他们所做的努力

在课堂上学生的内心是渴望得到肯定的，尤其是那些学困生对这种渴望尤其强烈。所以当他们不能回答老师的问题或没有达到教学要求时，老师要及时给予肯定性评价，让他们充分看到自己的优势和能力，以增强他们再次回答的自信心。

（2）精心创造二次评价的机会

为尊重学困生的个性差异，保护他们的自尊心和学习兴趣，当他们的第一次回答不尽如人意时，教师不要立刻给予否定性评价，而应允许他们重新思考，并尽力给予他们二次回答的机会，使他们看到自己的进步，感受到成功的喜悦，从而激发新的学习动力。

（3）积极评价他们取得的成功

由于老师给了学困生第二次回答问题的时间和空间，他们都会积极思考并请教同学，当老师再次给他们机会时，他们一般会努力地认真回答问题。这时老师要积极评价他们取得的进步。当然，给学困生激励性评价不是停留在口头上，或是当作一种点缀，它需要渗透在教师的教育思想中，落实在教师日常教学行为中。当教师对学生进行激励性评价已成为一种心灵流露的自觉行为时，本人认为新课程所倡导的民主教育思想才算真正深入我们的教育之中。

（4）慎用批评性评价

调查表明，对批评性评价喜欢的学生寥寥无几，所以教师在课堂上要慎用批评性评价，因为过多的批评会使学困生丧失学习自信心，严重时还会让学生产生抵触情绪，滋生厌学思想。当然，适时适当的批评性评价也是必要的。

案例

课堂上，学习比较一般现在时态和现在进行时态的区别时，邱老师请张同学（学困生）说出现在分词的构成形式，该同学答非所问，说出了名词复数的构成方法。邱老师并没有批评该同学，而是感激地说："名词复数学过这么久了，还记得这么清楚，并且非常有条理地展示出来，你真不错。但是，英语语法种类较多，我们一定要'对号入座'，而现在分词的构成主要是与 –ing 有关，你愿意再听一听老师的问题重新思考一次吗？"通过老师的提醒，该同学认真阅读了有关内容，主动举手，清楚地说出了现在分词的几种构成形式，并且还创造性地运用例句加以印证。邱老师抓住这一时机，积极评价了张同学的表现："你真行，同学们应当向你学习，因为你不但说清楚了现在分词的构成，还能很好地举例运用，创造性地回答了老师的问题；我们还要感谢你，因为你在不经意间让同学们温习了名词复数的构成形式，使本节课的内容更加丰富。"
该同学在一次周记中写道："邱老师，我真的很感谢您，我的英语成绩不好，
但您没有放弃我，而是一次又一次地关心我、帮助我、鼓励我，给我机会，让
我体验成功的快乐和被同学认可的感觉，我一定要加倍努力，成为一名优秀学
生。"经过老师多次帮助，张同学终于走出了自卑，走向自信，上课时大都能
积极举手回答老师的问题或参加小组活动。课堂表现的两次评价，让张同学体
会到了老师对他的关爱和帮助，也看到了老师和同学对他的肯定和承认，还增
加了他学习的自信和动力。

经过一个学期的研究，我们教研组完成了两项内容的研究任务，基本实现
了预期的研究目标。随后，我们就行动研究效果进行了第二次问卷调查，并整
理了相关的资料，全面对此次研究取得的成效和不足进行反思。

（四）对行动研究的成效与不足的反思

1. 行动研究的成效

① 通过近一个学期的行动研究，我们欣喜地发现，实验班学困生对英语
学习的兴趣得到了明显提高。下面是两次问卷调查的一组数据对照。

调查内容：你对英语学科感兴趣吗？

行动研究前：实验班与对照班调查情况对照表

学生态度	对照班（学生 30 人）		实验班（学生 30 人）	
	人数	比例 %	人数	比例 %
感兴趣	3	10	3	10
一般	8	26.7	7	23.3
不感兴趣	19	63.3	20	66.7

行动研究后：实验班与对照班调查情况对照表

学生态度	对照班（学生 30 人）		实验班（学生 30 人）	
	人数	比例 %	人数	比例 %
感兴趣	4	11.1	7	23.3
一般	8	22.2	11	36.7
不感兴趣	18	60	12	40

两组数据表明：行动前，实验班与对照班对英语"感兴趣"的学生和对英语"不感兴趣"的比例并不存在显著差异。

但是行动后，实验班对英语"感兴趣"的学生比例明显高于对照班，对英语"不感兴趣"的比例明显低于对照班。由此可见，通过"英语作业两次批改和课堂表现两次评价"方式的实践，不仅较大程度地控制了学生英语学习兴趣的下降，而且促进了学生英语兴趣的明显提高。

②实验班学困生的学习习惯与学习成绩明显优于对照班学生。通过对实验班学困生"英语作业两次批改和课堂表现两次评价"方式的实践，促进了他们良好学习习惯的养成，尤其表现在作业习惯与作业订正习惯的改变效果明显。他们的学习主动性增强，主动学习的能力提高，课堂听课效率提高，从而促进了学习效率的提高。

行动研究后：实验班与对照班学困生作业订正态度的调查情况对照表

学生态度	对照班（学困生 30 人）		实验班（学困生 30 人）	
	人数	比例 %	人数	比例 %
能主动认真订正作业	11	36.7	21	70
有时或很少订正	19	63	9	30

通过行动研究，实验班的学困生在作业订正习惯上明显好于对照班，而有不良作业订正习惯的比例明显低于对照班。

2011 年 4 月中旬：学校期中考试后实验班与对照班学困生成绩对照表

分数	对照班（学困生 30 人）		实验班（学困生 30 人）	
	9 班	11 班	1 班	2 班
平均分	52.3	50.1	65.7	62.4
及格率 %	10	6.7	16.2	16.4
优良率 %	0	0	6.5	3.3

（说明：该卷的满分为 100 分，优良率是指 80 分以上的比例）

实验班学困生的平均分、及格率、优良率虽然不高，但通过对比显示，在这次期中考试里，实验班学困生的平均分、及格率、优良率总体都要高于对照班。

2. 行动研究的不足

行动研究存在的不足以及需要进一步思考的问题。当然，在此次实验研究的过程中，我们也遇到了一些问题，如有的老师经常关注学困生，要花费较多的时间和精力，会不会影响对其他学生的教学？答案是肯定的。另外，有一部分老师对此次实验研究没有足够的重视，也没有及时对我们遇到的困难进行帮助，导致有些过程受到了一些影响；而有一部分学困生不愿意真正配合老师对他们的英语作业两次批改和课堂表现两次评价，因为他们觉得这样做会浪费时间，对此将如何引导？这个问题还有待我们进一步探索与研究。

二、浅议高中班级心理委员的培养

（一）培养心理委员的原因探析

1. 重要性：心理委员具有促进互助的意义

① 心理委员是学校心理健康教育的有益补充。在高中学校，心理专业教

师不足，班主任往往忙于教学和班务，而科任教师一般较少主动涉及专门心理教育，这种情况下，心理委员作为学校独特的队伍，是"学校—班主任—心理教师"三级心理健康教育网络体系的有益补充。班级心理委员生活于学生中，能够及时地掌握更多信息，更容易发现问题；心理委员开展的活动容易为同辈接受，容易达到教育目的。

②心理委员是实施朋辈心理互助模式的有效途径。朋辈心理互助模式在很大程度上依靠心理委员来实施，心理委员能够借助一定的知识、技巧和抱着助人的主动意愿，对需要帮助的同辈给予一定程度上的帮助。

③心理委员是心理危机预警机制的前沿哨兵。如今学校很多学生的心理危机之所以没有及时得到干预，一个重要原因就是出现危机的学生没有得到及时发现。心理委员本身的责任感促使其本身更加留意朋辈的异常言行，在自己无法直接干预的情况下，可以将信息告知学校，避免学校在危机干预中的被动性和滞后性。

基于以上原因，心理委员必须是一支有一定专业知识、掌握一定辅导技巧的队伍。因此，加强心理委员的培养极有必要。

2. 必要性：心理委员存在亟须解决的问题

我们也发现心理委员在培训、成长和活动开展中存在的问题，主要表现如下。

①职责不明。心理委员有别于班干部。但高中阶段，心理委员还算新生事物。传统观念的影响，包括班主任、科任老师、学生往往把心理委员当作心理健康教育课的课代表，负责协助心理教师传达信息、收发作业等，却忽略或者不重视心理委员在朋辈心理互助中所起到的作用。

②素质不高。班级心理委员需要具备一定的条件，比如性格开朗、积极向上、善于并乐于与人沟通交流，与同学关系融洽。但由于不同班级对心理委员的重视程度不同、对心理委员的理解不同，导致选拔的心理委员素质参差不

齐，甚至有的科任教师和学生认为担任心理委员会耗费大量时间，会影响学习成绩，导致条件符合的不愿意或不主动，条件不符合的勉强任职。这样做的结果是，心理委员的工作主动性缺乏，责任心不强，个别心理委员甚至本身就有心理问题倾向，朋辈心理互助模式自然发挥不了作用。

③指导不足。心理委员要真正发挥作用，需要经过一定的培训，并且在开展活动过程中要不断跟踪指导。现实中，心理委员由于分散，加上高中阶段学校更侧重于统考、高考科目，导致心理委员的培养存在诸多困难。如培训时间不足，培训内容不科学、不系统，过程跟踪指导不够全面等。

④方法不多。一方面指培养心理委员的手段单一，大多是集中讲些心理知识、基本技巧等；另一方面指心理委员在开展朋辈互助活动中的方法不多，最常用的就是座谈式、单一式的活动，缺乏更有创意的、形式多样的互助活动。心理委员作为班级同学的朋辈辅导身份是可以做一些力所能及的心理辅导的，对此可总结概括为心理委员的三大疏导技术：一是倾听技术；二是支持技术；三是转介技术。因为方法不多，技术不够，效果不好。

⑤地位尴尬。部分学生认为心理委员是教师安插在身边的耳目，让其觉得缺乏安全感。因此不能理解心理委员的同学甚至排斥心理委员，将其视为爱打小报告或者专门揭人隐私和伤疤的人，这严重挫伤了心理委员的积极性，不利于工作的开展。此外，学校虽然名义上重视，但缺乏实质上的支持，也得不到部分高考科目任课教师的支持，认为会占用学生的时间和精力，影响文化课的学习。

（二）培养心理委员的策略思考

鉴于高中班级心理委员的特殊地位和存在的问题，必须有适合心理委员成长的环境、科学的培训制度、合理的培训内容、严谨的工作制度、合理的评价机制。

1. 融洽的成长环境

心理委员的个人成长主要包括两个方面：实现个人价值、促进自己和班级同学的联系更紧密。因此，心理委员不同于其他班干部。心理委员要得到同学的认可、接纳，除心理委员本身的努力外，还需要学校和教师层面给予大力支持。学校必须营造一种氛围，支持心理委员开展工作，让心理委员觉得责任重大、使命光荣，让同学觉得心理委员阳光无私，是可以信赖的心灵助手。

2. 严格的选拔制度

心理健康状况良好、热情真诚；观察敏锐、乐于助人；责任心强、有敬业与奉献精神；善于与人沟通，具有良好的语言表达能力；有较强的服务意识、能严格遵守保密原则；这是成为心理委员的基本要求。因此，心理委员的甄选必须按照一定的要求和程序。第一，要确立选拔条件；第二，要明确工作职责；第三，要公开选拔程序。选拔过程其实就是宣传过程，让心理委员更为大家所了解。心理委员被选拔出来后，可以在学校层面通过宣传、广播、报刊等多种形式加以展示和宣传。

3. 科学的培训制度

心理委员的培训应该包括岗前培训、任上培训和跟踪辅导。由于高中生学业压力较大，课余时间相对紧张，培训就要因时制宜，灵活安排，但必须有保障。一是培训方式，可以采取集中培训、分组培训和个体辅导相结合的形式，通过团体辅导、心理沙龙、团体训练、案例分析、角色扮演、观摩心理辅导影像资料等途径进行。二是培训内容，可以包括心理委员的工作职责和工作方法、心理辅导会谈技术、常见心理问题的识别和处理、高中生发展性心理辅导、心理危机评估技术和自杀干预策略、不同流派心理治疗方法简介等。三是培训形式，可以包括专业讲授、座谈交流、团体辅导、主题性自我学习（网上学习）、案例跟踪辅导等形式。

4.严谨的工作制度

心理委员的成长不仅需要培训，更需要在开展活动中不断总结经验，这需要一套完整有效的工作制度。一是定期报告制度，定期汇报班级同学的心理健康动态；二是危机预警制度，及时反映班级中存在或潜在的危机事件；三是日常普宣制度，多层次、多阵地开展班级心理健康教育活动；四是专题调研制度，结合本班学生的现状开展调查工作；五是定向沟通制度，加强本班学生与学校、教师之间心理工作的沟通和协调；六是专人联系制度，加强与相关学生、舍长或老师联系。

5.多样的发挥空间

心理委员要成长，必须搭建多样化的载体、提供更多的平台，才能让心理委员发挥作用。一是资源平台。学生会、团委、文学社、广播站、宣传栏、学校心理咨询室等均是重要的学生活动资源，心理委员可以借助这些资源开展相关活动。二是活动平台。节假日、纪念日、班会课、校运会、家长会等活动均可以成为心理委员开展活动的契机。三是虚拟平台。博客、班级主页、心理专题网站乃至微博、微信等均可成为心理委员开展工作的阵地。

6.合理的评价机制

心理委员由于是新生事物，本身开展工作就需要探索，因此必须进一步完善评价制度，才能更有效地促进心理委员的工作。因此，给予心理委员肯定，奖励优秀心理委员更有助于朋辈互助模式的深入推进。可以将心理委员自评、班级同学评价、班主任与心理老师的评价进行综合，每年设立固定的名额作为心理委员优秀的评定，树立好的榜样。

心理委员是朋辈之间相互调节心理健康状态的组织，它主要来自学生的生活实践、学习积累和行为训练。成熟的心理委员组织是学生身心健康的保证，使高中学校心理健康教育取得更好的效果，确保高中生的健康成长。

第二节　推进家校合作，共建班级教育共同体

家校合作是学校教育和家庭教育中不可或缺的一环，它可以充分发挥家长在子女教育中的作用，使学校与家庭紧密合作，共同为学生的成长提供良好保证。如何推进家校合作，共建班级教育共同体？以下是几点建议：一是加强沟通。学校应该与家长进行及时沟通，及时传递学生在校情况，了解家长对子女的期望，同时也让家长了解学校的教育方针，促进双方间的理解和信任。二是活动丰富多彩。学校可以邀请家长参加学校开展的各种活动，如亲子趣味运动会、家长会议等；同时，家长也可以参与到学校的志愿服务中来，增进双方之间的了解和友谊。三是共同规划。学校和家长可以共同制订教育计划，包括学生的个性化学习计划、生活习惯培养计划等，家长可以在计划制订和监督上发挥积极的作用。四是免费资源共享。学校可以向家长提供免费的学习资源、家庭教育指导等服务，家长可以通过学院资源共享平台分享自己的教育经验和知识。五是监督学生学习。学校和家长可以共同监督学生的学习，在学习上出现问题时及时发现并解决，切实保证学生的学习质量。综上所述，通过加强家校合作，共建班级教育共同体，保证学生的全面发展和健康成长。

高中生面对的是高考，是足以改变人生命运的开始，每一个家庭都对高考充满无限的期待。

随着新一轮基础教育课程改革的推进，在高三阶段的学习中，由于学业负担重，升学压力大，情感方面往往都表现得比较脆弱。作为班主任，除了纪律学习的管理外，还应该注重情感教育，加强心理辅导，要多与学生沟通和交流，尽心尽责地为他们排忧解难，让学生以积极健康的心态迎接高考，从而取得优异成绩。

一、高三情感心理辅导

高三学生既要应对繁重的课业压力，又要承受其他各方面的压力，如父母的期望、老师的要求、学生的自我目标，以及同学之间的人际关系、成绩较量等，这会使他们分散注意力，严重影响复习备考。因此，班主任要帮助学生正确认识和应对生活和学习中过重的心理压力和情感困惑，让学生以积极健康的心态备考复习。

（一）成绩心态引导

正确看待学习成绩，有些学生很努力刻苦，但成绩上升很慢，面对暂时落后的成绩，他们自信心就会动摇，这时要引导学生正确认识。我给学生的信条是——只要自己尽心尽力了，那就无悔于自己，无愧于老师和家人。当学生感到疲惫又觉得自己考大学希望很渺茫时，要给予同情和理解，然后分析学习情况和心理感受，我送学生格言——只要你在坚持，你不一定会成功，但你至少还有希望；如果你现在放弃，那就只有彻底的失败。恰如其分地确定自己的学习目标。学习成绩的高低要根据自己的学习能力和努力程度而定，它必须是自己努力之后可以达到的，这样的目标会让学生有一种成功感。因此，要引导学生把远大理想分化为一个个小目标逐个实现，学生在每个学段均能感受到成功的喜悦和自信，就可以积极心态投入下阶段的学习。

（二）早恋情感疏导

中学生早恋想必是每个学校明文禁止的，在高一、高二阶段发现问题，学校和老师一般都会找相关学生进行疏导和教育，严重者甚至告知家长共同教育。在高三阶段，尤其是下学期，如果还发现学生在异性情感方面发展，那对备考复习绝对是有严重影响的，对于这种现象，班主任一定要恰如其分地处理和疏导；否则，会严重影响学生的复习和备考。这时候如果上报学校集体处理或把家长请来严声厉色地批评一番，把事件弄得沸沸扬扬，最后强行让他们结束感情交往都不合适，最好是正面引导让他们调整心态，如采取"冷冻"方式先把感情冷藏，等考上大学再解冻。或告诉他们如果真的喜欢对方，那就要为对方着想，在这关键时候两人都先把学习放到首位，化感情为学习动力，可以相互鼓励促进，成绩相互对比，共同朝高考目标迈进。甚至可以开玩笑说，谁没有考上大学就要主动出局哦。

（三）轻松环境营造

通过创建良好的班风和学风，营造团结、和谐的同学关系和师生关系，让学生在轻松友好的班级环境中愉快学习。如班级里决不允许同学之间闹矛盾，发现问题马上化解。多与学生交流和沟通，了解其思想状况，关注学生的生活情况、身体健康、情绪情感等，努力为学生解除忧虑和烦恼。如本班内宿女生，原来因与艺术班级女生在一个宿舍，由于学习上的一些差异，导致她们的生活很不合拍，全体女生整天不愉快，一回到宿舍就感到不自然。我通过调查了解，感觉这样下去她们不可能集中精力学习。于是，找舍监请求给她们调换宿舍，并对她们提出要求，本班六位姐妹平常要友好团结，齐心协力搞好宿舍管理，学习上相互帮助，共同进步。后来，她们宿舍一直没有矛盾，高考成绩显示，六人中有五人上了本科线。另外，平常工作还要注重发掘学生的闪光点，本着关爱，多多鼓励和表扬学生，多采用激励性语言教学或与学生对话，增强其自信心；多与家长联系，相互沟通，共同辅导和教育。

二、高三学习心理辅导

高三学习心理辅导是解决考试焦虑最根本的问题。记得有一位教育心理学教授曾说过："导致考试焦虑，最根本的原因，是学生对用所学知识解决考卷上的试题没有把握，而且越是没有把握就越容易引起考试焦虑。"因此，积极做好平时复习备考工作，努力提高学生的学习成绩是班主任工作的核心。

（一）端正学习态度

高三阶段比高一、高二在时间上要抓得更紧，要更加认真专心和勤奋刻苦。班主任要提醒他们做好面对高三艰苦学习的心理准备，培养他们顽强的意志品质，在学习中不断地给予鼓励和心理支持，使学生的学习成绩不断提高。对于繁重的课业，引导学生在勤奋刻苦的基础上适度紧张，比如，除了课堂学习时间之外，课余时间要用上 30%—50%。课堂是主要的，在课堂上认真听讲，积极思考，跟随老师讲课思路，努力提高课堂学习效率；课余时间要珍惜，每天保证有半个小时左右的体育活动放松时间。学要学得认真，玩要玩得痛快，劳逸结合，放松是为了更好地学习。赠言——明天的明天，那是希望；不懈的不懈，才是成功。

（二）逐步提高成绩

要明确成绩的提高有一个过程，只要有速度就有希望，速度的快慢取决于自己的勤奋和努力程度。由于学生学习基础和能力不同，我针对他们的实际情况给予不同的指导。成绩优异者，要在保持优异成绩的基础上努力提高，如果很难提高，就一定要保持。中等学生，首选自己最有潜力的科目作为突破口，一科一科地提高。稍后的学生，尽最大努力拿下基础得分。在高三下学期，有些学生会很努力学习，但由于时间紧、功课多，往往又无所适从，我对他们的指导是在有限的时间里，必须把有限的精力放在有成效的学习上。让他们分析各个科目，在付出一样时间和精力的情况下首选成绩提高最快的科目，在努力把握各科成绩的基础上要在这些科目上多下功夫，努力提高成绩，以此增强信心，再促进其他科目的学习和提高。学生通过老师引导及自我分析，可以平和自己的心态，有计划有目标地复习和推进。

（三）相信天道酬勤

要用以往高考成绩向学生证明，每个学生虽有学习能力差别，但勤奋和刻苦是最主要的，一定要相信，勤能补拙，那些脚踏实地的耕耘者也一定可以笑傲高考。

三、高三应试心理辅导

学生的应试能力对考试水平的发挥有重要影响。因此，在平时的考试训练中需要着重对学生的临考心态、应考技能以及考后评价等进行辅导，以提高学生在高考中的应试能力。

（一）正确看待每一次考试

高三上学期的月考、下学期的三大模拟考试以及每周每科的单元检测、综合训练、保温考试等，让学生感觉到高三就是学习—考试—评讲，再学习—再考试—再评讲，如此不断重复。由此产生的心理是对考试麻木，不在乎成绩；对考试恐惧，总是在紧张中度过。这两种心理均使学生成绩不能正常发挥，平常的考试训练失去意义。为此，我在接手高三（14）班的第一次班会课上，首先，就告知学生高三一年中大致的学习时段及考试的次数和时间安排，让学生心中有数。其次，让学生明确，高三的各种考试本身就是一种学习活动，它是高三下学期复习备考的主要形式。最后，让学生明确每次考试的意义和目的，如广州一模考试是让学生检测自己第一阶段的复习备考情况；同时也大致了解自己与高考划线的距离，从而指导下阶段的复习备考。模拟的意义在于查漏补缺，直至高考成功。

（二）加强应试技巧指导

考试技巧要在平时的模拟训练中不断提高，要求学生把每次考试当成高考训练，如用笔、审题、答题、基础题和难题的处理、做题顺序、时间分配等。要求每次考试均努力达到训练目标，如果没有达到，那自己要检查原因，考后马上补救，下次考试努力调整。比如时间不够，那要提高书写演算速度。如果是不懂，那要马上补上遗漏知识等。正是这种认识指导，学生在每次考试中均有目的地进行练习，即使考试失败，他也不会惧怕，而是盼望下一次模拟考试，好让自己再试一次，直至每次顺利完成考试。我给学生的信条是对待考试：认真、自信；对待试题：冷静、乐观；答题过程：只求"少丢分"，不说"得高分"。

（三）加强应试心态指导

在高考的考场上，常有一些考生因为过度的焦虑，而无法在考试时发挥正常的水平，所以在高三备考过程中就要进行心理训练，让学生到时可以尽快适应陌生的考场环境，以健康积极的心态参考。

①提前告知学生我们参考的地点及考场的环境布置。

②按高考要求进行平时的模拟考试，既要适度紧张，又要以平稳的心态参加考试，把每次考试当成作业一样从容完成。只要平常练习像高考，高考就会像练习。对考前心态情绪的调整，引导学生坦然面对。我给学生的赠言是：宠辱不惊，闲看庭前花开花落；去留无意，漫随天外云卷云舒。取其波澜不惊的心态，坦然应试，只重过程，别管结果。

③正确面对成败：不管考试结果如何，顺利时不要得意忘形，挫折时也不要垂头丧气，始终保持一种平和的心态。对考后可能突发的一系列负面影响，如考试失败而造成的挫折感、失去自信等情况，通过原因分析，及时引导学生消除考试所带来的消极情绪。在平时的模拟训练中，要重视挫折训练，我

给学生的辅导是作为一次经历，失败有时比成功更有价值，失败可以给我们留下深刻而持久的记忆和思考，模拟失利并非坏事，它可以让你发现问题，从而在高考中少出问题。没有平日的失败，就没有最终的成功，重要的是分析失败原因并吸取教训。

在对学生进行心理辅导的过程中首先要了解学生，在尊重和关爱的前提下，既指出不足，更要帮助学生树立自信心。当然，也要注意选择恰当时机，在亲切、友好、轻松的交谈中对学生进行教育。重视平时的辅导教育，提高学生备考和应试的心理素质和能力，有助于学生顺利参考，提高高考成绩。

第三节 建设班级文化，营造良好的班集体氛围

明确班级文化建设的目标和方向：班级文化应该符合班级成员的价值观和需求，营造积极向上、互相尊重、团结合作的班级氛围。制订班级文化建设计划：班级文化建设计划应该包括具体的目标、任务和时间表。制定班级文化内部规章制度：制定科学、合理、可行的班级规章制度，让所有班级成员都遵守，使班级能够按规矩行事。建立班级荣誉制度：班级可以制定一系列与进步、互助、创优等方面有关的班级荣誉制度，鼓励优秀表现，并加强班级凝聚力。组织班级文化活动：班级文化活动是建立班级文化的重要手段，可以策划各种班级文化活动，如团队建设游戏、班级讲座、班级主题聚会等，营造欢乐、友爱的班级氛围。充分利用班级信息化平台：可以建立班级微信群、班级QQ群等互联网应用平台，及时发布班级文化信息、分享班级生活，增强班级关系网络。发挥班干部的带头作用：班干部应发挥自己的模范带头作用，充分调动班级成员的积极性，促进班级文化的建设。保持持续性和创新性：班级文化建设是一项长期工作，应不断进行创新和完善，充分发挥全体班级成员的创

造性和主动性，不断推进班级文化建设，营造更好的班级氛围。

班级文化建设最终是为了促进学生身心健康发展，在班级管理中，在班级文化的引领下，要促进学生对学习、对生活充满期待和激情。

一、研究背景

学习应该是一件快乐的事情。古人云："学而时习之，不亦说乎？"但在教学过程中，许多学生却认为学习是一件苦差事，特别是面对高中繁杂的学习任务无所适从，觉得学习乏味，兴趣索然。为什么会出现这种情况呢？高中阶段的学生已具有一定的思维能力，向往和追求有价值的人生。在社会人生观、价值观走向多元化的今天，学生对高中课堂上所学习的理论知识与社会上出现的许多不良现象有不少困惑，对成才与机遇、奉献与索取、自我价值与社会价值的认识存在不足，这些都需要及时得到解决。为了更好地使高中生在学习的同时，身心健康也能顺利成长，随着积极心理学的兴起，教师教学激情研究和学生学习激情研究成为课堂研究的重要组成部分，也成了新的趋势和热点。高中生正处于成长的关键时期，他们即将升入高一级学校接受专业和技能学习，他们必将成为我国现代化建设的生力军，是我国未来人力资源的重要组成部分。因此高中生的学习激情程度如何，将对他们未来的学习生活产生深远的影响。

高中生学习激情受很多因素的影响，学生个人的社会背景因素可能是影响学习激情最重要的因素，但学生个人的一些其他因素，如心理、兴趣、信心、成绩等也是需要探讨的，此外，学校、家庭、班级、教师以及学生学习的一些外在因素，如学习氛围、学习期待、学习资源等也可能是影响学习激情的重要因素。为了找出较为根本的原因，本章将运用教育学、教育管理学、教育管理心理学的有关理论对已经获得的调查数据进行全面、深入分析。

二、高中生学习激情总体水平分析

本次实验研究运用SPSS软件进行描述性统计分析，获取高中生学习激情各维度及总体水平的最大值、最小值、均值及标准差。对各维度分数的数据处理方法为将各维度的项目进行加总，获取平均数作为各维度的最终得分。高中生学习激情总分则是将该量表所有题项加总后获取平均数作为最终得分。具体结果见下表。

高中生学习激情总体及各维度描述性统计

因子	题数	平均分	标准差
和谐型激情	6	4.5061	1.15917
强迫型激情	6	2.9914	1.08797
总体水平	12	3.7488	1.12357

高中生学习激情量表采用7级计分，理论上均分为3.5。从上表描述性统计可以看出，总体水平上，高中生学习激情处于中等偏上水平，各因子均值得分基本上都是在2.99—4.50，总量表得分的均值为3.7488，在量表理论平均值之上。关于学生对自我学习激情的总体评价，通过描述性统计得出平均值为3.66，这也与各因子及总量表的均值得分基本相吻合，说明问卷内部结构合理，数据统计得分合理。

从标准差得分来看，高中生学习激情及其对应因子之间的离散程度都处于较高水平，说明样本的个体差异性比较大，这也印证了公办学校学生差异性大的现状。

由此可以作以下分析：

一是高中生学习激情的总体水平较高。根据相关研究的统计结果，高中生学习激情量表采用 7 级计分，理论上均分为 3.5。通过描述性统计可以看出，高中生学习激情的程度处于中等偏上的水平。从与学习激情密切相关的学生学习兴趣结构来看，对学习比较感兴趣的占比较高。这一结果也说明高中生学习激情水平处于中等偏上水平，可见顺德地区的高中生学习激情处于中等偏上的水平。

二是统计数据表明，高中生学习激情问卷总的均值比较高，在被调查地区，高中生学习激情各个维度中，和谐型激情处于较高的水平，大部分学生都能充满激情地对待学业活动和生活中的其他所有活动。但强迫型激情处于较低水平，这说明少部分学生迫于某种压力仅仅对学习充满激情，且对生活中的其他活动激情度不高，分析其可能原因，主要有以下两个方面：

一方面，自古以来，中国就十分重视"读书学习"。"万般皆下品，唯有读书高"的思想一直主宰着每一个家庭，"学而优则仕"更是被自古的"士大夫"信奉为金科玉律。这也说明了当今社会依然认同学习能改变命运，学习能成就个人未来的幸福和前途。这种思想深深烙印在每一个家庭、每一个学生身上。而且，顺德区是广东省第一批教育强区，顺德区的整体教育水平较高，教育均衡发展在广东省处于和广州、深圳同级别上。各级各类学校都制定了较为完善的学校管理制度，所以说在顺德，所有的学校都有得到重视，并没有明显的弱校，各个学校的办学特色都较为鲜明，受到家长和社会的一致认可。此外，学校的教学设施和师资良好，管理跟得上，学生的学习氛围良好。从高中新课程标准实施以来，顺德的教育整体水平不断攀升，包括顺德的素质教育水平都处于广东省和佛山市前列。正因为大环境的影响，在顺德的高中学校中，管理严格，学习蔚然成风，在这样的环境中学习，学生自然受到影响，那么和谐型激情的水平自然也就处于较高的水平。

另一方面，高中生强迫型激情的得分较低，这也提醒了教育者来反思当前高中教育中的一些问题：外表看似热热闹闹的学习，但实际上有相当部分的学生对学习的激情还处于较低层次的水平。与西方国家的小班教学不同，我们国家人口多，即使是在顺德这样的经济发达地区，一直以来都是以大班制授课。大班制的优点是节省资源，但是对于学生而言，他们参与课堂的机会和练习的机会少，老师不可能顾及所有的学生，师生交流会相对缺乏。此外，受高考指挥棒的影响，社会评价学生的成绩主要是笔试成绩，所以很多人有背背就行的错误观点，只要成绩好就行，其他都不重要。久而久之，就会塑造出"高分低能"的学生，强迫型激情的水平自然也就处于较低的水平。

三、改进高中生学习激情的措施

（一）加强学校、班级管理，营造良好学习激情氛围

学校学习氛围在激发学生学习激情方面起着非常重要的作用，在学校学习氛围好的环境中学习，学生的学习激情度明显要高。平时我们说一个学校办得好，我们都会说，这个学校管理好，这个学校校风好。当我们说一个班级搞得好，都会想到这个班班风好，班级管理到位，发挥了各种积极因素的作用。当我们说一个老师课讲得好，都会想到这个老师的课堂组织好，混乱的学校、班级、课堂是不会出成绩的。学科是学生所有科目中一个非常重要的科目，学科学习同样也受整体氛围的影响，整体的氛围好，教学和学习都会受到正面的积极影响。作为教育者，首先应该给学生创造一种适合学生学习的环境。从学校层面到课堂层面，教育者都有必要加强管理、完善管理、科学管理，使得各个层面的管理有序进行，一切为了服务学生的学习和学生的发展。一旦形成良好的氛围，学生的学习也会进入良性发展，学生的学习也会受到氛围的影响，激发出学生的学习热情。

（二）建立丰富的学习资源，为学生激情学习提供各种有力支持

本研究的数据表明，丰富的学习资源和各种对学习的支持对高中课堂中学生的学习激情有显著影响，这种相互关系明显呈正相关关系。建立课外阅读资源可以从学校、班级、教师和学生几个层面展开。在实践中，最好的方法是各种资源综合利用，尽可能多地给学生创造阅读的条件和氛围，提供给学生更多接触的机会，并以此培养学生的阅读兴趣和自主学习能力，最终提高学生的水平。

（三）加强家校联系，家长重视孩子学习

在本研究中，虽然学生的课堂学习是在学校课堂中发生的，但学生的课堂学习激情与学生学习的其他要素有着千丝万缕的联系，本研究的结果充分说明了这一点。学生教育是一个系统工程，全靠学校课堂或者家庭都是不现实的，只有学校教育与家庭教育有机结合，才能让学生的成长更加顺利，才能让教育对学生的影响发挥最大的作用。加强家校联系，无疑会让家庭教育和学校教育形成合力，在学生成长方面起到积极效果。在本研究中，如果家长对学生的学习更重视，学生课堂上的学习激情水平明显处于较高水平。由此可见，家长的影响在学生的学习上起着不可忽视的作用，虽然学生受教育的场所是在学校，但家庭的无形鼓励和关注对学生的成长在学习激情上能发挥积极影响。同样的道理，家长可以定期与学校老师联系，了解学生的学习生活情况，配合学校做好学生的思想教育和心理辅导。家长越重视，学校越重视，沟通越顺畅，教育就能形成合力，这是家庭和学校都要注意的一个重要方面。因此，教师作为教育者和引导者，在平时的课堂教学中和课后应该多关心学生，与学生建立良好的关系，多鼓励评价。学生对学校满意度和学生学习的趣味性与高中生学习激情之间存在着显著的正相关关系，是影响高中生学习激情的重要变量。对学校满意度越高、对学习越感兴趣的学生，学习激情的总体水平越高。

第五章

基于主体教育哲学理论的 3Cs 班级管理制度实践经验总结与启示

第一节　对高中班级自主合作创新管理的启示

高中班级自主合作创新管理的启示如下：一是建立共同的目标。班级成员应该共同制定一个目标，并通过合作实现它。二是倡导自主管理：班级管理应该向自由和平等方向发展，每个成员都有自主权和参与权。三是提倡创新思维。在班级管理中，应该鼓励学生提出自己的想法，并寻求解决问题的新方法。四是建立学习平台。班级管理应该为学生提供各种学习资源和平台，以促进知识的共享和交流。五是赋予责任。班级管理应该赋予学生某些责任，如管理、组织活动等，以提高他们的自我管理和组织能力。六是倡导团队合作。班级管理应该鼓励学生进行合作，共同解决问题，建立更紧密的团队合作关系。

为了更好地增强班级凝聚力，践行活动育人，日常班级管理经常要开展一些团体活动，以下几个团队活动案例可以有效地实现活动育人的功效。

一、户外拓展活动方案

（一）活动准备

猜词纸（英语听说，心花怒放，三星堆，高考成功，龙翔凤舞，龙跃凤鸣，喜上眉梢，如鱼得水，保本冲重，相信自己，诠释龙中超越，舍监，紫薇花，杧果，誓师大会，学考，量化，科任老师，学生会，午练，上厕所，倒计时，安全作业，综评，高考档案，毕业照，谢师宴），呼啦圈 2 个、跳绳 2 条、筷子 12 双、乒乓球 2 个、益力多 50 瓶、盒装柠檬茶 50 盒、纸杯 2 个，歌曲《我相信》，7 个地方藏益力多的提醒字条（一号楼一楼、二楼其中一个教室外；二号楼一楼、二楼其中一个教室外；三号楼一楼其中一个教室外；二楼其中一个办公室外；一楼、二楼其中一个实验室，天气好可考虑藏在操场等地方增加难度）。

每个工作负责人，用卡纸写好关卡序号，给小组长发放活动顺序字条。

（二）活动环节

1.寻找益力多

此活动需要较多的前期准备，特别是人手的配备，如果人手充足，可以考虑加大每个关卡的游戏难度。

①第一个关卡：你画我猜（两个 / 一个小组，若两个小组，需同时进行）。

由一位组员比画，其他组员猜，负责比画的人不能说出包含所猜的词中的任何一个字（读音相同亦不可），不能说拼音或英文单词，猜中两个即可通关。

②第二个关卡：一圈到底（两个 / 一个小组，若两个小组，需同时进行）。

注：要考虑好男女生之间的扭捏问题。

所有组员手拉手围成一圈，用呼啦圈穿过所有人的身体回到原位。在活动过程中，不能以语言为沟通工具，只能依靠肢体语言和眼神进行沟通，相互拉着的手不能放开，也不能用手指去勾呼啦圈。

③第三个关卡：跳绳（两个 / 一个小组，若两个小组，需同时进行）。

选一名组员跳绳，跳够 150 下即可通关。

④第四个关卡：乒乓球接力（两个 / 一个小组，若两个小组，需同时进行）。

每组组员并列站成一排，人与人之间保持一定距离；每人发放一双筷子；

需要每组组员使用筷子夹球的方式,将乒乓球尽可能多地运送到工作人员的纸杯中;游戏时,乒乓球不能越人传递,不能掉地,不能用手碰,犯规一次,重来。

⑤ 完成四个关卡的小组,去班主任处领取提醒字条,找到益力多。

2. 守护益力多

主要是让学生在活动中挑战自己的耐力和增强信心,适合高考前一两个月用。

给每位同学发放一瓶益力多、一瓶柠檬茶,然后全体同学围成一个圈平躺,一手拿益力多、一手拿柠檬茶,挑战双手抬手 7 分钟,最后 3 分钟一起唱《我相信》和背古文。

3. 活动结束后回班级进行分享和总结

① 分享:寻找益力多的环节,最快的小组代表分享成功经验。寻找益力多的环节,仅靠一人之力完成 4 个关卡任务,可不可行?守护益力多环节,一开始你是否想过自己能坚持到最后?

② 总结:一个人、一个团队要取得优异的成绩,获得成功,必须加强沟通、群策群力。工作和生活中很多事情,涉及方方面面的利益和关系,个人只是团队的一员,有时候个人力量根本无法达成目标,必须依靠团队协同配合,才能顺利完成目标,请记得曾经和你一起并肩作战的伙伴。我们都不确定高考的结果如何,但我们能确定的是坚持到底,我们现在能做的是超越自己。

(三)活动流程

第一节课:先宣读完所有游戏规则,再在大堂集中户外拓展;第二节课:分享和班会。

1.四个关卡的活动顺序：（发放给对应的小组）

第一组：1—2—3—4。

第二组：1—3—4—2。

第三组：2—3—1—4。

第四组：2—4—1—3。

第五组：3—2—4—1。

第六组：3—4—2—1。

第七组：4—1—3—2。

2.工作人员任务

①人员安排：第一关卡：××；第二关卡：××；第三关卡：××；第四关卡：××；拍照：××。

②活动前，做好保密工作；活动过程中，需秉持公正的态度。

③第 7 节课一上课，做好布场工作，四张桌子围绕大堂四个角进行摆放，贴上序号卡纸，放好该关卡需要的物资，放好 7 瓶益力多需隐藏的地方。

④若两个小组同时进行活动，务必确保准备好，两个小组同时开始。（存在问题：不同关卡的难易程度导致完成时间不一样，出现了某些关卡扎堆导致小组时间拖延的情况。可否考虑等 7 个小组完成关卡活动后，再统一下发提示纸条。）

小组完成该关卡的任务后，做好记录：第几组已完成。

二、"风雨同行"活动方案

（一）活动目的

①通过游戏，让学生学会接纳他人的长处，取长补短。

②培养学生体验团队合作中的扬长避短。

（二）活动时间

大约需要 25 分钟。

（三）活动道具

眼罩、口罩、短绳、篮球、雨伞、椅子、书包、水桶、抱枕等物品。

（四）活动场地

室内或室外均可，但需要有一定的活动空间。

（五）活动程序

①按 7 人一组分组，在 7 人中规定有 2 个"盲人"、2 个"无脚人"、2 个"无手人"、1 个"哑巴"。

②在角色分配完成后，按要求"盲人"戴上眼罩、"哑巴"戴上口罩、"无脚人"捆绑双脚、"无手人"捆绑双手。

③主持人把他们带到比赛起点，让小组组员把所有物品搬运到终点，以用时最少的组为胜。

④全班交流分享感受。

（六）注意事项

①比赛计时从主持人宣布完游戏规则开始，即包括角色分配、扮演、合作等全过程。

②设计的起点与终点间的距离应该大于 20 米，并且设置障碍提高难度。

③每个组的所有物品，要求集体配合、共同承担，一次搬运完毕。

（七）活动扫描

1. 活动点评

这是一个非常有趣的游戏，但有的同学会感到有点儿残忍，因为要扮演残疾人，所以有人会说：这是残疾人运动会。但游戏确实让人感受了，每个人其实都有不完美、不健全的一面，即所谓的长处与短处。人与人之间不正需要彼此的关心、照顾与协助吗？我们不仅需要独立与竞争，更需要依赖与合作。帮助他人与接受帮助同样是快乐的事，假如我们能够利用彼此的优势，取长补短地合作，这不是更快乐的事吗？

游戏"风雨同行"寓意着我们在人生的过程中，会遇到各种各样的"风雨"挫折，但同伴的支持与合作，可以令我们"风雨兼程、勇往直前"。

2. 活动案例

当主持人宣布完游戏规则，小组组员就热闹了。谁都不想当"盲人"和"哑巴"，因为看不到，说不了——难受。但也没人愿意做"无脚人""无手人"，因为只说不做——无奈。所以一开始就为确定角色而费尽了周折。望着一大堆要搬运的物品，究竟怎么办呢？合作啊！要合作首先从合理的角色分配开始。

大家形成一种共识：无嘴的人用其腿，无腿的人用其嘴，无眼的人用其手，无手的人用其头。只要是对集体有利的，应该乐于承担，哪怕是牺牲个人的利益。小明和小强身强力壮，搬运物品是高手，就做"盲人"；秀秀与兰兰体态轻盈，口齿伶俐，指挥是行家，就做"无脚人"；小峰与小亮沉着冷静、理智幽默，擅长协调联络，做"无手人"；还剩下一个琼月，就做"哑巴"。

大家快速地扮演好自己的角色，跑步来到比赛起点，见一大堆物品要搬运，小明和小强分别背上秀秀与兰兰。秀秀与兰兰把轻便的物品一起带上，不时地指挥全组组员。小峰与小亮一边联络指挥，一边把主要的物品往自己身上装。"哑巴"琼月看在眼里，记在心里，跟着大家的感觉走。不一会儿，7个人顺利地完成了"风雨同行"，成为最快到达终点的小组，大家的感言是："1＋1＞2"。

3. 学生感言

① 我们觉得游戏有难度，因为小组组员都是女生，"无腿人"由谁来扮演呢？最终由谁来背她呢？大家讨论的结果是，体重最轻的小玲做"无腿人"，小雯自告奋勇地背小玲。我们 6 个人相互协作"风雨同行"。一路上好几次负重的物品撒落一地，但大家没有怨言，捡起来重新开始。让小雯背着的小玲觉得不好意思，一路上总是说："小雯，对不起啊，我是不是太重了啊！"虽然我们组不是第一个到达终点，但大家觉得很不容易噢。

② 2 个"盲人"、1 个"哑巴"、2 个"无手人"、1 个"无腿人"，为了一个共同的目标组成了一个行动小组。眼看着一堆物品要搬运，真有点儿难啊！"风雨同行"，寓意着我们要面对困难相互合作。虽然我们彼此都有"缺陷"，但我们要看到彼此的强项。只要我们相互欣赏、相互弥补、相互配合，一定能够克服困难。在组长的带领下，我们合理分配"角色"，6 个"残疾人"经过合理搭配："无手人"与"无脚人"为一组，"盲人"与"哑巴"为一组，"无手人"与"盲人"为一组，变成了 3 对"正常人"，也就顺利完成了任务。

三、"背后留言"活动方案

（一）活动目的

① 通过体验，培养学生客观地对待他人评价的积极心态。

② 通过背对背的评价，让学生意识到"别人眼中的我"是什么样子，通过他人的评价来整合和完善自我意识。

（二）活动时间

大约需要 25 分钟。

（三）活动道具

16 开白纸每人一张，大头针若干，背景音乐。

（四）活动场地

以室内为宜。

（五）活动程序

① 主持人首先公布活动规则：每个人一张 16 开白纸，在纸的最上面写下自己的姓名和对留言者说的一句话，大家相互帮助用大头针把纸固定到自己的后背上。

② 接下来大家在同学的后背上写留言。

③ 十分钟之后，主持人示意大家停下，同学们再次围坐在一起，拆开背后的字条，看看同学们对自己背后的评价。

④ 团体分享"背后的留言"。

A. 人们因什么而欣赏你？因什么而不欣赏你？对别人的反映你认同吗？

B. 哪些评价让你感到新颖、好笑而又确实符合自己？

C. 你有没有看到自己潜在的优势或特长，可能你从未注意，而在别人的眼中可能是那么的明显？

D. 这个游戏还带给你哪些其他的感受？

（六）注意事项

① 在活动开始之前，主持人最好要强调对待这次活动的态度：真诚、客

观、负责。

②留言过程中，同学们不能说话，要用非语言形式进行交流，留言内容是你对这个人的认识，包括优点、缺点以及建议，还可以写上自己最想对他说的一句话，不用留名。

③在不同的班级，活动氛围可能会有所差别。如果班级内部同学关系融洽，做这个活动应该会取得比较好的效果。

④在活动中，有一个细节需要主持人及时作出调整。有的班级男女同学关系放得开，在活动中男女生会打破界限，让异性同学为自己写"留言"，他们感觉这是很正常的事，不会大惊小怪的。但有的班级男女同学关系比较矜持，就会出现男生只找男生写、女生只找女生写，都不好意思让异性同学写。这个时候，需要主持人来打破这个单调的局面。因为不找异性同学写"留言"，就等于失去了一半的世界，失去了一半的建议。

四、"'盲人'旅行"活动方案

（一）活动目的

①通过"盲人"与"拐棍"角色的体验，让学生理解自助与他助同等重要。

②让学生感受信任与被信任、爱与被爱的幸福与快乐。

（二）活动时间

大约需要 40 分钟。

（三）活动道具

眼罩每人一只，复杂的盲道设计。

（四）活动场地

室内与室外结合。

（五）活动程序

大千世界充满着精彩，诱惑着每个人去索取、去享受、去追求……

大千世界也充满着艰难，迫使着每个人去面对、去承受、去改变……

在茫茫人海之中，有谁能与你同行、与你分担忧愁、与你一起快乐？不妨去找一找，不妨去试一试，体验一下自助与他助、信任与被信任、爱与被爱的幸福与快乐。

①在背景音乐声中，每个人戴上眼罩扮演一个盲人，先在室内独自一人穿越障碍旅程，体验盲人的无助、艰辛，甚至恐惧。

②所有学生中一半人继续扮演盲人，另一半人扮演帮助盲人的"拐棍"，由"拐棍"帮助盲人完成室外有障碍的旅行。完成后交换角色重新体验。

③所有学生均扮演盲人，并且两个盲人相互帮助到室外走过一段障碍旅程。

④学生们交流：在不同情况下扮演不同角色的感受。

（六）注意事项

①本方案设计了三种情况的"盲人"之旅，根据实际情况可以只做其中一种。

②障碍旅程的设计，应该有跨越、钻圈、下蹲、上攀、独木桥、上下楼等多种障碍。

③"盲人"旅行过程中不允许用语言交流，最好配置适当的背景音乐。

④在角色互换的旅行中"盲人"与"拐棍"最好不要选择同一人，以陌生的对象为好。

（七）活动扫描

1. 活动点评

这是一次前所未有的角色体验，许多人掀开眼罩的第一句话是："谢谢你！"他们体会到了作为一个"盲人"在障碍面前的无助、无奈，甚至恐惧，内心特别希望得到帮助与支持。"拐棍"的出现是"盲人"期待的。但做好"拐棍"也不是简单的事，因为许多"拐棍"自己能看到前面的障碍，就以为"没什么，我肯定可以顺利通过"，带着一份自信和勇气，领着"盲人"快速前进，无法体会"盲人"为什么如此犹豫不前。仔细想想，还不是没有从他人的角度出发考虑问题吗？"盲人"对眼前的一切一无所知，心存戒备，对"拐棍"的引导还不是十分信任，所以步履不可能轻松，心底无法坦然。

通过"盲人"与"拐棍"角色互换的体验，反思自己在帮助他人与信任他人中的不足，在活动中，进一步体验了信任与被信任的欣慰与快乐，所以"谢谢你！"是由衷的表达。

2. 活动案例

"盲人之旅"开始了，燕子与阿云成了一对，燕子是"盲人"，阿云做"拐棍"。一路上，阿云非常细心地帮助着燕子，前面要下楼梯了，阿云走在燕子的前面，让燕子的一只手搭在自己的肩上，另一只手放在楼梯的扶手上，慢慢地，但也非常顺利地前进着。当走到楼梯拐弯处难度突然加大了，楼梯中央挡着一个呼啦圈，圈后又横着一根木棍。阿云好不容易让燕子钻过了呼啦圈，但那根不高不低的木棍怎么办？跨过去太高、钻过去又太低，阿云一咬牙，把燕子抱了起来，当燕子的双脚再一次落地时，已经越过了木棍。燕子心里非常感激阿云，虽然不能用语言交流，但彼此的信任感深深地建立了起来。阿云与燕子是穿越障碍最快的一对。

在分享时，燕子拉着阿云的手说："当你把我抱起来的时候，我真的很感动。多少年了，没人这样抱过我，何况是一个与我年龄、体力相仿的女孩，我真不知道是什么力量让你把我抱了起来。"阿云笑着说："我也不知道，自己哪来这么大的劲。但当时眼看着挡在前面的木棍，我想一定要帮助你通过，也许是责任心吧。"

主持人问阿云一个问题："我看你一路上对燕子照顾得特别好，不是搂着她的腰前进，就是走在她的前方引路，凡是有可以扶手的地方，你总是让燕子的手自己去感受和把握。你是怎样学会这一点的？"燕子说："是妈妈教给我的。记得在小学二年级，我的眼睛出了问题，在治疗期间，医生把我的眼睛包了起来，我做了十天的'盲人'，当时情绪低落，非常烦躁不安，是妈妈细心的照顾，使我感受到温暖与信心。妈妈不仅细心照顾我、安慰我，而且尽可能让我独立、自信。所以今天做这个游戏时，我就想到了妈妈，也想到曾是'盲人'的我。"

3.学生感言

① 当我看到一个同学被蒙住了双眼，看她束手无措、一副很无助的样子的时候，我觉得她好可怜，十分同情她，想着平日里能睁着眼睛走路是多么的幸福。于是，我就毫不犹豫地搀扶她，告诉自己一定要尽可能地帮助她走路，做好她的"拐棍"。

随后遇到了很多突如其来的阻碍，我就想：如何让她安全度过？看她胆小害怕的样子，我简直就想抱着她走，心想我能替她完成多好！

② 我扮演的是"盲人"的角色，当时心想不就是走楼梯吗？不要人扶我自己也能走得很好。但真的走起来，心里还是充满了恐惧，每下一级台阶都颤颤巍巍。旁边的"拐棍"不是很用力地拉着我，而且是轻轻捏我的右手暗示我右转，或轻轻拍拍我的头让我低下头，或揽着我的腰让我转弯。在慌乱无助的旅途中，同伴点滴的指点让我感到无比温暖。当摘下眼罩时，我深情地拥抱了我的"拐棍"，感慨万千，内心充满难以言表的感激之情。

③蒙上眼睛后，眼前是一片黑暗，仿佛世界成了浮影，一切都是空白的。脑海中即刻掠过一个念头：假如我真是一位盲人，是否有勇气在这黑暗的世界中生存？就在我彷徨的时候，一双温暖的手搀扶着我。顿时，我感到有一种说不出的激动和勇气在心中涌动，鼓励自己去尝试做"盲人"的感受。

④第一轮的游戏我作为"拐棍"，还是进行得比较顺利的，每过一个障碍物，我都会提醒我的同伴。看到别组的"拐棍"有好的引导方法，我也会进行模仿。在第一轮的游戏中，我自认为我完成得很好。然而，在第二轮中，当我做"盲人"以后，我才真正意识到原来这个游戏并不是那么的简单。特别是作为一个"盲人"，当你不知道你的"拐棍"究竟是谁的情况下，在两者间没有丝毫交流的情况下，要做到百分之百地相信他（她），并按照他（她）的指引前进真的是一件非常困难的事情。回过头来再想想当时被我牵引的"盲人"，发现原来她也非常不容易，如果没有她的十分信任，我们的任务是绝对不可能完成得这么好的。

第二节　3Cs 班级管理制度实践经验总结

自主管理指的是班级成员自主地利用各种资源，制定和实施班级规划、管理和评估等，自我管理和提高班级的整体水平。主体教育哲学理论认为，学生是学习的主体，应该在学校中发挥主体作用，成为管理班级事务的主人，并在学习过程中不断地提高自主学习能力。以下是基于主体教育哲学理论的高中班级自主管理的实践经验总结：一是搭建平台。建立班级微信群等，以方便班级成员沟通和交流，可以汇集大家的智慧，共同制订班级活动计划，规划学习方案等。二是自我评估。定期组织班级自我评估，由成员们自主评估班级管理运行情况，及时修正不足，并提出改进意见。评估结果可以在班会上公布，激励班级成员的积极性。三是调动热情。采取轮值制管理班级事务，激励大家的热情，提高班级积极性。四是探索创新。鼓励班级成员提出自己的想法和建议，从而不断尝试新的班级管理模式和方法，不断推陈出新。五是实行民主决策。对于关键性的问题，班级可以采取民主表决的方法，让每个成员都有平等的发言权和投票权，共同决策班级的重要事宜。通过以上几点，班级成员可以不断提高自身管理和团队协作的意识，提高班级的管理水平，班级也可以成为一个充满活力和凝聚力的群体。

自主管理是解放班主任的重要途径，一个班级唯有走向自主管理才能实现教育的民主化。作为班主任也要过一种有边界的生活。教育不是万能的，班主任首先是一个普通人，当学生教育不见成效时，家长甚至学校都认为是班主任的问题，于是班主任陷入了焦虑中。现实是即使你把所有的精力都用上，有些任务或问题也是你解决不了的。很多时候，班主任习惯于把学生的事情都往自己身上揽，结果却会弄得焦头烂额。"大包大揽"的现象是一个班主任不清醒的表现，是缺乏科学思维方式的表现。如果班主任工作整体水平要有提高，班主任心理健康不佳状况要有改变，班主任就必须过一种有边界的管理生活。因为做一件没有边界的事情一定是随意和盲目的，一定会做大量无用功，最后也不知道自己干了什么，这是很多班主任的切身感受。班主任工作应该是有边界的，他是学生的指导者，但不是学生一生的承包者；他是学生的引领者，但不是高高在上的唯权者。他可以教育学生，也可以接受学生的教育；他可以批评学生，也可以动用私心让一步。只有过一种有边界的生活，班主任才能少做无用功，知道自己该做什么，不该做什么；能做什么，不能做什么……

用辩证的观点看，世界与活动是密切的、相互依存的。不过，只有当行动不仅仅是一项工作，也是一种全身心的投入的时候，也就是说，只有当它与反思不分离的时候，行动才是人类的行动。反思对于行动是必不可少的。反思型的教师应该是终身学习的身体力行者，班主任在日常管理生活中的反思也体现了对自己进行检讨和解剖，这种反思的习惯和能力，是班主任走向成功必不可少的精神素养和职业品质。善于反思的班主任都是具有真诚反思精神的教育者，他们一步一个台阶，沿着这个台阶一步一步走向更新更美的教育视界。

班主任首先应该是学习者和研究者，其次才是学生的领导者和组织者。对班主任来说，教育是一种有研究的管理生活。有研究才能发现班里某个学生最近上课打瞌睡的原因是晚上打游戏，才能发现某学生最近情绪不高的原因是父母吵架，才能发现某个学习成绩不错的学生课堂上经常乱接老师话语是因为在家里得不到家长的关注，才能发现某学生平时表现不错而总考不出好成绩是因为缺乏良好的学习习惯……有研究的管理生活中，班主任更加关注学生在日常学习生活中的发展。不过，这并不意味着重新回到"只见树木，不见森林"的琐碎事务中，而是要求班主任"既见森林，也见树木"，在学生个体与集体整体发展的过程中，用心关注，选择并利用一些典型的日常事件，将其作为教育契机和教育资源，通过及时的点拨，促使学生不断前进。

"校园无小事"是教育流行的一句口号。但这句口号如今已经成为很多班主任每天"忙忙碌碌"的一种自我安慰。多数班主任都是上级领导让抓什么，就把什么事情当作大事，而其他事情都是小事。似乎自己的一言一行和一举一动都是在执行"上级的命令"，其实是抓了临时性工作，忽视了学生发展和自身发展的大事。校园中有大事就有小事，有急事就有相对不急的事情，轻重缓急是客观存在的。如果班主任一味以学校布置的事情为大事，那么这只是班主任偷懒的一种做法，只是一种应付上级的做法。所以，班主任应该过一种有智慧的管理生活，清晰地明白哪些是"小事"，哪些是"大事"，清楚地知道我们的任务是无论大事小事，智慧地处理才是正确的方针。生活中的智慧体现在无论发生了什么事情，你都能很清楚地知道你想要的是什么，你最珍惜的是什么。智慧型班主任日常管理生活时刻提醒，班主任抓住班级管理中最重要的东西，不要为了纷繁复杂的无谓小事，让生活变得烦恼。懂得生活智慧的班主任，才能有让生活变得更美好的方法。

有时候我们的生活更多地追求一种快节奏，让我们忽略了身边的风景。有个性的管理生活是需要班主任日常管理中慢下脚步，细心去感受的。个性体现了一个班主任心灵深处的内涵，体现了一种做事风格，更体现了一种处事态度。当前高强度、重压力的工作状态下，班主任学会给自己解压、让自己释放、寻找自己生活中的幸福就是一种有个性的管理生活。班主任的幸福，在于帮助学生走过青春驿站的同时，收获学生的一颗颗爱心；在于指导学生梳理个人思想的同时，自己的境界也在提高；在于捕捉到教育契机深入学生心灵的同时，自己的心灵也受到洗礼。相比其他职业，教师的职业再普通不过，而随着一届又一届学生伴随我们走过风华岁月，我们才能更清晰地认识到，学生不仅仅是我们的教育对象和我们的责任，他们更是成就我们的那些人，是我们生命中最美丽的邂逅。

后　记

　　本书旨在探索主体教育哲学理论在高中 3Cs 班级管理中的应用和价值。基于主体教育哲学理论的高中 3Cs 班级管理策略，包括鼓励学生自主学习、合作探究和自主决策等方面。这些策略旨在培养学生的主体性，促进学生的全面发展和主动参与。本研究通过实地调研和数据分析，验证了采用主体教育哲学理论的班级管理策略对学生的积极影响，包括提高学生的学习动力、促进学生的合作能力和创新思维等方面的变化。本书在高中 3Cs 班级管理领域引入了主体教育哲学理论，并将其应用于实际班级管理实践，丰富了管理领域的理论框架和方法论。这为高中 3Cs 班级管理提供了一种新的视角和思路，打破了传统班级管理中的权威主导型模式，强调了学生的主体地位和参与权。这为教师与学生之间的平等互动和共同合作提供了新的范式，推动了教育实践的更新和改革。

　　本书写作过程中，我收获了许多心得与感悟。首先，一个主要的困难是融合主体教育哲学理论和班级管理的实际操作。这要求我广泛研究和理解主体教育哲学的原理，并将其应用于具体的班级管理情境中。我克服这个挑战的方法是深入研究相关文献和案例，结合实地调研和观察，以确保我对这一理论的理解和应用是准确的和恰当的。其次，数据收集和分析也颇具挑战。为了获得可靠的研究结果，我需要收集学生和教师的反馈意见、观察班级行为并进行定量和定性的数据分析。这要求我设计有效的问卷调查，确保面谈顺利实施，同时使用合适的统计方法进行数据分析。克服这个挑战的关键是要调动良好的时间管理和组织能力，以保证数据收集的完整性和准确性。此外，我还遇到了研究范围的界定和深度的问题。由于时间和资源的限制，我需要在研究中明确自己的重点，同时保持深度和广度的平衡。这要求我精确地定义研究问题并设定明确的研究目标，以确保有限资源得到最优的利用。

通过该研究，我不仅掌握了主体教育哲学理论和高中 3Cs 班级管理的实践技巧，还培养了自己的问题解决能力和批判性思维。同时，该研究还促使我与教育实践者和学生进行深入的交流和合作，增进了我对教育实践的认识和洞察。总的来说，这项研究对于我的学术成长和认知发展起到了重要的推动作用。它不仅使我深化了对教育领域的理解和研究方法的掌握，还促使我思考和探索班级管理领域的新思路和创新实践。这项研究将一直影响着我未来的学术和职业发展，并为我在教育领域的发展打下坚实的基础。

本书撰写过程中，我得到了许多人的悉心指导和大力支持，特此向他们表达我最真诚的感激之情。首先，我要衷心感谢华南师范大学的理论导师徐晓东教授，在整个研究过程中，徐教授给予了我无私的指导和宝贵的建议，他深入浅出的讲解和细致入微的指导使我能够更好地理解主体教育哲学理论，并将其应用到高中 3Cs 班级管理研究中，在和徐教授的讨论和交流中，我学到了许多关于研究方法和学术思维的宝贵经验，这些将对我今后的学术生涯产生深远的影响。我还要特别感谢中山大学附属中学的实践导师罗金星老师，罗老师是一位极富经验和智慧的教育工作者，他在高中 3Cs 班级管理方面的专业知识和实践经验给我提供了巨大的帮助，给予了我宝贵的建议和指导，让我更好地理解了主体教育哲学理论如何在实际教育工作中应用。在此，我还要特别感谢广东省中小学"百千万人才培养工程"的高中名班主任培养项目的左璜教授，作为教育领域的知名专家，左教授给予了我重要的支持和鼓励，她的深入洞察和对教育改革的热情激励着我继续追求教育研究的深入，并在研究中不断探索更多的可能性。此外，我还要感谢华南师范大学教育学部所有领导、老师对我的指导和帮助，尤其林振南主任对我这位高中名班主任班的学习委员的无私指导，使我在协调高中名班主任班各项工作时游刃有余。最后，我要感谢我所在的工作单位佛山市顺德区龙江中学张朝煌书记、陈辉校长、曾光主任、罗雪婷主任、胡燕辉主任、黄志霞主任对我的大力支持，他们的理解和支持是我坚持下去的动力源泉。最后，我的爱人邓亮芳女士和我的宝贝女儿邱沛杉给予我无尽的温暖，没有她们的陪伴和支持，我无法完成这项研究。衷心感谢你们的支持和帮助！你们的存在和鼓励让我在研究过程中从未感到孤单。我将时刻铭记你们的帮助和付出。

　　我希望这项研究能够为高中 3Cs 班级管理领域的进一步探索提供一些有益的思考和启示。未来，我会继续努力，进一步完善和扩展这项研究，并与广大教育工作者一起推动教育发展，造福更多的学生。再次向所有帮助过我的人致以最诚挚的感谢！

邱志敏

于华南师范大学

2023 年 7 月 12 日